제1공화국 초기 국민통제의 확립

제1공화국 초기 국민통제의 확립

강 혜 경 著

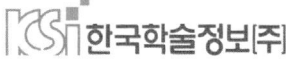
한국학술정보(주)

머리말

1948년 대한민국 정부 수립 이후 1953년 한국전쟁의 휴전에 이르기까지는 국가가 형성되어 가는 시기라고 볼 수 있다. 이 시기는 국민반·유숙계 등을 통한 상호감시, 경찰의 사찰관행, 경찰의 군사화·준군사화에 따른 양적·질적 팽창과 반공이데올로기의 강압적 내면화 등 대국민통제의 기초가 확립되는 시기라고 볼 수 있다. 이 시기 국가의 형성에 가장 중요한 역할을 하였던 국가기구 가운데 하나가 경찰이었다.

제1공화국 초기 한국경찰에 의해 수행되어진 국민통제의 확립과 전개과정에 대한 분석을 통해 국민에 대한 통제와 동원이 초기 반공국가의 기초를 마련하는데 가장 중요한 통치기제였음을 을 살펴보고자 한다.

1948년 12월 여순사건을 계기로 조성된 비상적 분위기에 힘입어 국가보안법을 통과시켜 반대세력을 제압하기 위한 제도적 도구를 마련하였으며, 이승만 정권은 자신의 존립을 유지하기 위한 제도적 장치를 강화시키기 위한 작업에도 힘썼다. 즉 학교에 의무적인 군사교육훈련을 도입시켰으며, 기존의 우익청년단체들을 통합하여 전국적인 조직망을 지닌 준군사조직을 건설하였고, 중앙집중적인 정보체계를 세웠으며, 육군의 병력수는 10만으로 늘렸다. 또한 국민회 지도하의 국민운동과 대한청년단운동, 학도호국단운동 등을 통해 국민총동원체제를 구축하였다.

국민통제를 위한 적극적 장치로 국민반, 유숙계 등을 통해 국가체제 전체의 질서와 안전을 유지하고자 했으며 이러한 전시를 방불케 하는 국민통제체제와 동원체제를 구축하는데 있어 경찰의 역할은 지대한 것이었다.

나아가 경찰은 각종 선거에 개입하여 영향을 미쳤으며, 이승만 정권기 전반을 통해 정치적 비중을 지닌 주요 사건에 적극 개입하여 직접적인 물리력을 행사하기도 하였고 간접적인 배후공작에 참여하기도 하였다.

　한국전쟁의 과정에서 국민에 대한 통제와 감시는 더욱 강화될 수 밖에 없었다. 경찰은 후방지역 치안확보와 부역자 처리 등을 통해 반공국가를 더욱 강화시켜 나갔다. 전쟁기간 보도연맹원 등에 대한 학살과 부역자 처리 등 인권유린이 당연시되었으며, 국민들의 생활까지도 광범위하게 규율하고 있었다. 전쟁 전부터 시행되던 국민반제도를 점차 동회의 하부조직으로 행정적 기능도 담당하는 등 그 역할이 증대되어갔으며, 전쟁 중 국민통제장치의 일환으로 각 시·도 규칙에 근거해 경찰서에서 도민증과 시민증을 발급하여 국민에 대한 사상통제를 강화하였다.

　한국전쟁기간 동안에도 경찰이 정치에 노골적으로 이용되고 있는데 부산 정치파동에서는 경찰이 전면적으로 동원되어 이승만의 독재를 강화하는데 커다란 역할을 수행하였던 것이다.

　제1공화국 초기 국민통제의 확립과 이에 대한 경찰의 역할을 살펴보는 작업은 바로 이 시기 국민들이 어떠한 과정을 통해 '반공국가'에 길들여져 갈 수밖에 없었는지를 파악하는 기초가 될 것이다.

　한편 이 시기 대국민통제에 있어서 경찰의 역할은 1953년 한국전쟁 휴전 후의 평시경찰에도 그대로 이어지고 있다. 이후 제3·4공화국, 제5공화국 시기의 경찰의 역할 또한 '국민통제' '독재'와 떨어트려 생각하기 힘들다. 흔히 '경찰' 하면 떠오르는 부정적 이미지들은 일제시기부터 오늘날에 이르기까지 경찰의 역할과 성격에 기인한 것으로 볼 수 있다. 이러한 인식의 한계를 극복하는 토대가 되는 것은 바로 경찰자신의 변화일 것이다.

차 례

제1장 정부수립과 국민통제의 전개

제1절 국가보안법과 국민통제체제 확립

1948년 정부수립이후 이승만 정권은 당시 주한미대사 무쵸가 " 남한 은 소규모 유격대가 계속 활동하고 있는 등 매우 위급한 군사적 상황" 이라고 지적한 것에서 볼 수 있듯이 안정적인 상황이 아니었다.[1] 따라 서 이같은 위기의 돌파를 위해 이승만 정권은 집권초부터 국민에 대한 통제를 강화해 나가기 시작했다. 미 군정청 관리를 역임하였던 한 미국인 은 정부 수립 직후의 정황을 다음과 같이 묘사하고 있다. "한국의 경찰은 과거 일본경찰과 같이 잔악했다. 인권은 사실상 무시되었고 표현의 자유에 대한 제한은 극히 가혹하여 신뢰할 수 있는 한국의 관찰자들이 전체주의적 사상통제라고 부를 정도였다"[2]

또한 반대파에 대한 이승만 정부의 탄압이 당시 가장 심각한 정치적 문제로 부각되기도 하였다. 특히 유엔한국위원단(UNCOK)의 대표들은 한국정부의 비 민주성에 대한 불만을 표명하고 한국은 경찰국가라고 비판하기도 하였다.[3] 이 승만의 측근인 올리버도 미국 내의 언론이 이승만의 통치를 반동주의, 독재주 의, 테러리즘 등으로 표현하면서 시민의 자유와 권리를 억압하고 반대파에 대 한 감시와 위협, 탄압을 일삼는다고 비난하는 등 여론이 지극히 비판적임을 이 승만에게 알리면서, 시민의 권리가 보호되고 있다는 사실을 강조하는 어떤 조 치를 취할 것을 충고하였다.[4]

---

1) FRUS Vol. Ⅶ, 1949, pp.1041~1043.
2) C. Clyde Mitchell, Korea: Second Failure in Asia, Washington, D. C.: The Public Affairs Institute, 1951, p.43.
3) G-2 Periodical Report, No.1076, March 2, 1949.
4) 박일영 역, 《이승만비록》 한국문화출판사, 1982, 277-278, 329-330,

이승만 집권초기부터 나타나고 있는 국민에 대한 통제나 반대파에 대한 탄압에 있어 가장 유용하게 활용된 국가기구는 바로 경찰이었다. 경찰은 이승만 정권이 초기부터 활용할 수 있는 유용한 자원이었기 때문이다.

여순반란을 계기로 이러한 상황은 증폭되어 폭동과 반란을 진압하기 위한 전투를 위해 1948년 10월 치안국에 임시기구로 비상경비사령부를 설치하여 전투경찰을 총지휘케 하였다. 당시 경찰의 임무로 제시된 것은 "첫째, 대한민국의 國基를 확고히 하여 민주발전을 기하고, 둘째, 국민사상통일과 북한실지를 회복하는 통일조국을 건설하는 것이었다."5)

1948년 10월 여순반란의 전투발생지역에 대하여는 강력한 통제를 실시하였다. 10월 22일 선포된 계엄령하에서 정부군은 이른 저녁부터 아침까지 통행금지를 엄격하게 시행했으며, 모든 공공집회를 금지했고, 반란군에게 도움을 주는 사실이 발각될 경우에는 지위고하를 막론하고 엄벌에 처하겠다고 발표했다.

이와 함께 좌익에 대한 대대적인 검거에 착수하여 1948년 11월 4일 수도경찰청은 폭동음모 혐의로 정계·언론계 등 인사 7백 명을 검거하였다. 이러한 대량검거는 韓獨黨, 勤民黨, 南勞黨 등 정치계를 비롯하여 언론계에까지 미치고 있었다. 폭동음모 혐의로 검거된 인원수는 중부서에 呂運弘, 嚴恒燮 외 270여 명을 비롯하여 용산서 134명, 종로서 101명 등 총 7백여 명에 달하였다.6)

또한 여순반란을 계기로 1948년 11월 12일 내무부 치안국에서는 경찰관 대규모 증원을 계획하였다. 당시 치안을 담당하고 있는 경찰관의 총수는 약 3만 5천 명에 달하였는데, 중앙에서만 약 1만 5천 명을 증모하고 각 관구청에서도 각각 상당수의 경찰관의 신규 채용을 계획하였다.7) 이에 대해 11월

353쪽.
5) 內務部 治安局 編, 앞의 책, 1972, 129쪽.
6) 한성일보 1948년 11월 6일.
7) 국제신문 1948년 11월 12일.

15일 윤치영 내무부 장관은 긴박한 사태에 대처하기 위해 2만 5천의 경찰관
의 보강이 필요한데, 우선 앞으로 1주일 내에 경찰관 1만 5천 명을 보충할
것이라고 밝혔다.8)

이승만 정권의 물리적 지지세력에 대한 정비의 일환으로 시작된 숙군작업
도 12월 1일 국가보안법에 의해 그 법적 근거를 마련하고 육군 정보국에 특
별수사과(특무대의 전신)를 설치하여 가속화되었다. 이 기구의 설치는 일제
경찰 및 헌병출신들을 군부 내로 끌어들인 계기가 되었으며, 1949년 반민법
파동 때 상당수의 일제경찰출신 경찰 간부들이 헌병대로 피신하여 특무부대
의 주요인맥을 이루었다.9)

이승만 정권은 여순사건 이후 이 사건을 민주주의적으로 해결하려하지 않
고 강압정책을 노골화한다는 비판에도 불구하고 각 부문의 숙청을 단행하고
언론통제를 강화하는 등 반대세력 배제의 기반을 다져갔다.

여순사건 후의 강압과 통제 분위기와 관련하여 이승만은 다음과 같은 담
화를 발표했으며, 이 담화를 통해 국가보안법 제정을 예고하였다.

"학교와 정부기관에 모든 지도자 이하로 남녀 아동까지라도 일일이 조사
해서 불순분자는 다 제거하고 조직을 엄밀히 해서 반역적 사상이 만연되지
못하게 하되 앞으로 어떠한 법령이 혹 발표되더라도 각 민중이 절대 복종해
서 이런 만행이 다시 없도록 방어해야 될 것이다"10)

---

8) 서울신문 1948년 11월 16일.
9) 憲兵史編輯委員, 《韓國憲兵史》, 憲兵司令部, 1952, 11쪽; 이들 중 대표적
   인 사람은 홍순봉, 김정채, 이익흥, 백원교, 윤우경, 노엽, 이진용, 도진
   희, 장보형, 장복성, 전봉덕, 계종운, 최석범, 최창화 등이다. 이들은 모
   두 헌병의 핵심인물이 되고 상당부분은 이승만 정권 때 경찰로 복귀하기
   도 하는데 이들 중 헌병사령관 및 부사령관을 지낸 이도 있었다. 이들의
   인맥 및 행적 그리고 이승만 정권시절에 행한 여러 가지 정치적 사건들에
   대해서는 조갑제, 앞의 책, 61쪽.
10) 《大統領李承晩博士談話集》, 公報處, 1953, 17쪽.

이처럼 이승만 정권은 여순사건을 계기로 조성된 비상적 분위기에 힘입어 1948년 12월 국가보안법을 통과시켜 반대세력을 제압하기 위한 제도적 도구를 마련하였다. 당시 국가보안법 제정은 경찰국가적 측면에 대한 근거를 제공하였다.[11] 이승만은 공산주의를 불법화시키고 경찰에 무제한적인 힘을 부여하여 정부 내의 반대파들을 체포하고 억류하기 위한 포석으로써 국가보안법을 통과시켰던 것이다. 이로써 정부나 여당에 대한 지나친 비판은 항상 공산세력을 이롭게 하는 행위로 간주되었다.

그러나 국가보안법 제정의 계기가 되었다고 볼 수 있는 여순사건의 원인을 둘러싸고 국회와 정부사이에 이견이 제출되었다. 여순사건 발생의 정치적 책임에 관해 격렬한 논쟁이 제기되었다. 여순사건에 대해 제헌의원들은 여순사건이 민심을 이반하게 만든 정부의 실책에서 비롯되었다고 주장하면서 정부실정에 대한 인책총사직을 결의하였다.

이에 대해 이승만과 정부위원들은 유엔의 남한정부 승인을 방해하기 위한 공산당의 조직적 봉기에 의해 발생했다고 주장하며 이를 거부하였다. 이승만은 11월 8일 정부는 여순사건에 책임이 없다는 담화를 발표하여 공산분자들이 지하공작으로 연락해 가지고 반란을 일으킨 것을 우리 정부가 책임을 지라하는 것은 어불성설이며 반역자를 치지 않고 공산당의 죄를 정부에 씌우는 것은 무슨 의도인지 알기 어렵다고 주장하였다.[12]

여순사건에 대한 국회의 보고에 있어서도 정부 내의 견해가 다르다. 국방부의 보고는 군내부의 반란에 인민이 적극적으로 동조했음에 주목했으며, 반면 내무부의 보고는 공산당의 조직적 활동에 더 주목하였다. 특히 내무부는 여수 제14연대장이었던 오동기가 최능진을 주모로 한 혁명의용군에 관련 체포되자 계획을 은폐하기 위해 오의 심복 40여 명이 반란을 일으켰다고 보고하였다.[13]

---

11) FRUS Vol. Ⅶ, January 28,1950, p.6.
12) 국제신문 1948년 11월 9일.
13) 국회사무처, 제1회 국회속기록 제89호, 649~651쪽.

최능진은 수도청 전 수사국장으로 친일경찰에 반대하는 입장을 견지하다
가 파면당하였으며, 5·10제헌의원선거 당시 이승만이 출마했던 동대문 갑
구에 출마했다가 입후보 등록이 말소되었다.[14) 최능진은 10월 1일 서세충,
김진섭 등과 함께 "오동기 등 젊은 장교들과 공모하여 국방경비대로 하여금
혁명의용군을 조직하여 일종의 쿠데타를 음모했다"[15)는 혐의로 수도청에 검
거되었다. 이 사건은 재판과정에서 무력공산혁명 혐의가 인정되지 않았으나,
7년형이라는 중형이 구형되었다가[16) 1951년 2월 국방경비법 위반혐의로 총
살형이 집행되었다.[17)

그러나 윤치영 내무부장관은 국회 보고에서 여순사건은 공산당이 직접 일
으켰으며, 오동진, 최능진 등도 공산당 조직과 관련되어 있다는 주장하였다.
때문에 공산당 조직을 검거하기 위해서는 경찰을 보강해야 하며, 특히 공산
당취체법(단속법)을 제정할 것과 영장교부권을 경찰에게 줄 것을 주장하였다.
이는 결국 국가보안법 제정으로 구체화되었다.

이처럼 이승만 정권은 여순반란을 계기로 공산주의자들에 대한 대응책을
마련해야 한다는 명목으로 국가보안법을 제정하였다.[18) 1949년 12월 19일
통과된 국가보안법에 대해 법제사법위원회의 수정안이 1950년 2월 22일 국
회에서 통과되었으며 정부는 국회의 이러한 결정에 대하여 이의를 제기하였
지만 4월 8일 재의한 결과 3분의 2 절대다수로서 법률로 확정하여 정부는 4
월 21일 이를 공포하였다.[19) 국가보안법을 통과시킨 이후 제헌국회에서는
미국 주둔안을 채택하였으며, 전신·전화·통신을 검열하는 우편단속법을 제
정하였다.

---

14) 동아일보 1948년 5월 8일.
15) 조선일보 1948년 10월 5일.
16) 서울신문, 1949년 10월 27일.
17) 金在明, 앞의 글, 《政經文化》 224, 1983년 10월, 260-277쪽.
18) 박원순, 《국가보안법연구 1》, 역사비평사, 1989, 77-83쪽.
19) 內務部 治安局 編, 앞의 책, 1972, 193쪽.

국가보안법의 통과는 정부 비판세력의 정치활동 등을 극도로 제약하였으며, 반공이념에 위배되는 어떠한 다른 이념도 허용되지 않음을 의미하였다. 이처럼 여순반란을 진압한 이후에 이승만의 주도로 진행된 일련의 체제재편을 통하여 국민통제를 위한 제도적 장치를 마련했던 것이다.

당시 주한미대사 무쵸는 이승만 정부의 강압통치가 국제적으로 좋지 않은 인상을 주고 있다는 점을 이승만과 정부관리에게 여러 번 지적하였고 이에 대해 매번 한국관리들은 안보와 공산세력에 대항하는 생존을 위한 투쟁이라는 근거에서 탄압활동을 정당화하였다.[20] 이와 관련하여 미국의 제섭 무임소 대사는 한국정부가 반공과 연계시켜 정치적 자유를 제한하는 점에 우려를 표명하기도 하였다.[21]

이승만 정권은 자신의 존립을 유지하기 위한 제도적 장치를 강화시키기 위한 작업에도 힘썼다. 즉 학교에 의무적인 군사교육훈련을 도입시켰으며, 기존의 우익청년단체들을 통합하여 전국적인 조직망을 지닌 준군사조직을 건설하였고, 중앙집중적인 정보체계를 세웠으며, 육군의 병력수는 10만으로 늘렸다. 또한 국민회 지도하의 국민운동과 대한청년단운동, 학도호국단운동 등을 통해 국민총동원체제를 구축하였다.

---

20) FRUS Vol. Ⅶ part2, July 23, 1949. pp.1065-1066.
21) FRUS Vol. Ⅶ, January 28, 1950, p.2.

제2절 정부수립 이후 국민운동의 성격과
통제의 일상화

정부수립 후 이승만 정권은 국민회와 청년단과 부녀단을 정부후원 기관으로 각 동리와 촌락에 세포조직을 물샐틈없이 조직해 놓고 어떤 집에서든지 타처 사람이 들어와 하룻밤이라도 자게 될 때에는 24시간 내로 경찰관서에 보고해서 조사하는 국민조직 강화를 강조하는 담화를 발표하는 등 통제의 필요성을 강조하였다.[22] 이와 함께 국민통제를 위한 적극적 장치로 國民班을 조직하였다.

정부에서는 이미 1948년 10월 하순부터 여순반란사건을 계기로 대대적으로 국민운동을 전개하기 시작하였다. 이 국민운동의 강화와 함께 조직된 것이 국민반이었다.[23] 1948년 12월 내무부 지방국에서는 여순반란을 계기로 「시국대책에 관한 계몽운동」을 전개하였다. 이 운동은 "거족적으로 애국사상을 고취하여 국책과 국민사상에 배치되는 모든 불순사상을 배제하며, 또 국민력의 총집결을 도모하고자 관민일동이 총궐기한다는 명목"으로 전개되었다.[24]

이 「시국대책에 관한 계몽운동」의 목표로 제시된 것은 다음과 같다.

가. 우리의 신정부에 대하여 일반국민으로 하여금 심심한 신뢰와 강력한 지지를 하도록 할 것(애국사상의 고취).

나. 시국을 정확히 파악케 하며 불순분자의 사상을 破碎하도록 할 것(민족 사상의 앙양).

---

22) 조선중앙일보 1949년 4월 13일.
23) 경향신문 1948년 11월 2일.
24) 『시정월보』 제2호, 54~57쪽 1949년 3월 10일.

다. 국제정세를 파악케 하며 방공포진의 필요를 인식하도록 할 것(방공사
　　상의 고조).

라. 시급한 정책을 이해케 하여 실천하도록 할 것(정책완수의 실천).

계몽운동의 실시방법으로는 다음과 같은 것이 제시되었다.

가. 정부 당로자의 시국강연(방송).

나. 민간명사의 시국강연(지방유세).

다. 서울시청 도청 및 경찰청 간부, 지방명사의 시국강연(방송).

라. 지방명사의 시국강연(郡部유세).

마. 지방청 간부급 지방명사를 중심으로 시국간담회 개최(道·府·郡·
　　邑·面·洞里별로 逐次 신속 실시할 것).

바. 시국문제에 대한 전단 작성 살포.

사. 시국관계 영화선전 이용.

아. 지방에의 신문, 잡지선전 이용.

자. 시국인식에 대한 민정조사.

차. 기타 시국대책 국민운동 전개.

　이러한 국민계몽운동의 전개를 위해 중앙과 지방을 통하여 민간사 190여
명이 동원되었으며 활동 연일수는 1,550일이나 되었다.

<표1> <유세 민간명사 및 지방공무원 인원수와 활동일수 조사>

道名	파견 명사 인원수	활동 일수	지방 명사 동원수	활동 일수	道 간부 동원수	활동 일수	府간부 동원수	활동 일수	郡島 간부 동원수	활동 일수	邑面 간부 동원수	활동 일수
경기	9	90	21	147	2	40	2	6	21	210	230	2300
강원	5	50	10	70	2	40	1	3	10	100	176	1760
충북	4	40	10	70	2	40	1	3	10	100	160	1600
충남	5	50	14	98	2	40	1	3	14	140	172	1720
경북	9	90	23	161	2	40	1	3	23	230	252	2520
경남	9	90	19	133	2	40	3	9	19	190	176	1760
전북	7	70	14	98	2	40	3	9	14	140	174	1740
전남	9	90	21	47	2	40	2	6	21	210	239	2390
제주	3	40	2	14	2	20			2	20	13	130
계	60	612	134	938	18	340	14	42	134	1340	1592	15920

『시정월보』 제2호, 54~57쪽 1949년 3월 10일.

계몽운동에 참가한 인원은 2천 명이나 되며 『시국대책 유세내용 요령 시국과 국민의 진로』라는 책자도 3천부를 인쇄하여 배부하였다. 이 소책자의 내용은 1) 조국의 광복, 2) 반란사건의 진상, 3) 인간은 엄숙한 존재이다, 4) 이북동포의 소식, 5) 소련의 암흑정책은 어떠한가, 6) 소련의 정책은 무엇인가, 7) 방공포진의 필요성, 8) 세계대세를 正視하라, 9) 배달민족의 동포애, 10) 결론(우리 정부를 신뢰 지지하자) 등으로 되어 있다. 또한 각종 시국대책 선전용 전단도 36만장을 인쇄하여 남한 전역 즉 6만 5천 부락에 살포하여 1) 각 부락에서 주민 전부에게 회람시키고 실적을 남기도록 하고, 2) 전단을 각 중등학교 생도 및 국민학교 5년 이상의 아동에게 회람시킨 다음 감상문을 짓게 하거나 복사시켜서 가족들에게 보이도록 하였으며, 3) 전단에는 발행자를 명기치 않음으로써 이를 국민의 民聲으로써 전파하고자 하는 등 대대적으로 국민운동을 전개하였다.

이처럼 대대적인 국민운동을 전개하는 한편 이승만은 끊임없이 경찰력을 확대·강화하여 억압과 통제를 통해 국가체제 전체의 질서와 안전을 유지하고 했다.

정부 수립 후 경찰은 일제 총독부의 헌병경찰이나 미군정의 군정경찰과 마찬가지로 계속 기능과 조직이 확대·강화되어왔다. 경찰은 미군정기와 마찬가지로 친일경찰이라는 낙인을 불식시키고 자신들의 지위를 보전하기 위하여 대대적으로 공산주의자의 색출과 검거에 매진하였다. 이러한 활동을 통하여 자신들의 가치를 입증하고자 하였으며, 정권 차원에서도 이들 경찰력을 적극 동원하고 활용하기 위하여 그들의 기득권을 인정해주는 동시에 조직과 인력을 계속 확충하였던 것이다.

여순반란과 유격대에 대한 진압과 숙군, 국가보안법 제정과 이를 근거로 모든 반이승만 세력에 대한 무제한적 탄압 등은 경찰력으로 이승만 정권이 유지되고 있음을 보여주는 것이었다. 이승만 정권의 경찰통제는 경찰서장의 임명 및 해임권을 가지고 있는 내무부장관에 대한 압력을 통해 이루어졌으며, 경찰고위 간부들의 대부분이 친일경찰들로 이들 역시 이승만 정부의 수립과 유지에 생존이해를 걸고 있었기 때문에 가능하였다.

경찰에 의한 통제체제는 죄수들의 급증을 통해서도 알 수 있다. 권승렬 법무장관은 일제시 남북 합해서 1만 2천 명의 죄수를 수용하였고, 미군정에서는 남한에만 1만 8천 명을 죄수로 수용 하였는데, 자신이 취임한 1949년 6월 6일에 죄수가 2만 2천 명이었다가, 그것이 7월 말에 3만 명으로 늘어났고, 10월 초에는 3만 6천 명이 되었다고 보고하고 있다. 당시 죄수의 80%는 좌익이었다.

특히 국가보안법을 제정하면서 경찰은 좌익 색출을 위해 사찰활동이 필요하다는 명분으로 국민에 대한 사찰과 통제를 한층 강화하였다. 해방초기 사찰경찰에 부여된 임무는 정당사회단체 등의 시위행렬 및 집회에 관한 조사와 단속을 행하여 국가의 건설에 방해되는 요소를 제거 단속하는 것이었다.25) 따라서 사찰경찰은 편의상 사상경찰·정치경찰·외사경찰 등 소관별로 분리 운영되었다. 사상경찰은 주로 일제의 고등경찰을 연상케 하였으며, 태평양 미육군총사령부 포고 제2호에 관한 취체 즉 공중치안 질서를 문란케 하는 다중적 불법 월권행위의 취체 단속을 주관하였다. 정치경찰은 군정 법령 제55호에 규정된 「정당에 관한 규칙」과 「정당 및 사회단체의 시위행렬 및 집회 허가에 관한 건」(警公 제2652호 1947년 3월 1일)을 주관하였고, 외사경찰은 해외 내왕자와 재류외국인 및 해외거주교포 등에 대한 동태를 조사하여 불법입국자에 대한 취체단속을 주관하였다. 해방 후 사찰경찰은 1945년 10월 21일 경찰이 창설될 때 지방 각도 경무부의 정보과로 발족되었다가

---

25) 1945년 10월 21일 경찰의 창설과 함께 각 도 경찰부에 정보과를 설치하였다. 이 정보과는 동년 12월 27일자 군정청 명령 「警察組織에 關한 件」에 의거 경찰행정이 도시사의 권한에서 분리, 도 경찰부가 되면서 사찰과로 개칭되었다. 사찰(또는 정보)부서가 해방과 더불어 각 道警에만 설치되었던 것이나, 이듬해에는 중앙과 일선서에까지 확대되었다.
　1946년 2월 16일 군정청 명령 「警察局과 警察廳에 關한 件」에 의거하여 경찰국이 경무부로 승격 개칭되고, 동시에 과는 국으로 승격되었는데 이때 수사국내에는 정보과가 설치되었다. 따라서 지방경찰도 관구경찰청의 사찰과는 사찰계로 격하하여 수사과에 통합되었고, 일선경찰서에도 수사계장 소관하에 정보반으로 편입되었다.
　한편 서울과 경기도 경찰은 해방직전 분리되어 있지 않았고 경기도 경찰부로 발족하였거니와 1945년 9월 10일 미군 스타링 대위가 부장에 취임하였고, 관하의 각서에는 4-5명씩의 미군이 배치되었으며, 동년 10월 20일에 고등경찰과는 폐지되고, 정보과가 신설되었다.
　1945년 11월 6일 조병옥이 초대 한인 경기도 경찰부장에 임명되었으나 재직 11일간의 단명으로 퇴임하고 그 후임에는 장택상이 임명되었으며, 1946년 7월 정보계는 일시 通報계로 개칭되었다. 1945년 9월 18일 경기도경은 수도관구경찰청을 분리 독립시키고 제1관구 경찰청으로 되었는데, 이때 형사과 내에 있었던 정보계가 수도관구와 동시에 사찰과로 확장 개편되어 서무·정당·문화·學事 및 공장계로 편성 운영되었으나, 外事 및 해상사찰을 강화하기 위하여 1948년 3월 말 다시 서무·정당·文化學事·공장·외사 및 해상계로 개편 강화하였다. 內務部 治安局 編, 앞의 책 1, 187쪽.

그해 12월 27일 사찰과로 그 이름이 바뀌었다. 경무국 창설 당시 각 도경에 만 설치되었던 사찰(정보)부서는 1946년 2월에는 중앙과 일선경찰서에까지 설치되었다.

1948년 11월 4일 대통령령 제18호로 발표된 내무부직제 중 제6조를 보면 사찰과는 민정사찰 및 외사경찰에 관한 사항을 분장한다고 규정하여 사찰과 의 직무를 제정한 반면 치안국 기구가 개편됨에 따라 수사국에 예속되어 있 던 사찰과가 분리 독립하여 사찰과로 개편되고 이에 따라 지방경찰의 局署 에도 수사경찰에서 분리, 사찰과 또는 사찰계로 개편되었다.

1950년 3월 31일 대통령령 제340호로 발표된 내무부직제 중 제7조에 따 르면 사찰과는 민정사찰 외사경찰 및 특명(特命)에 의한 사찰사항을 분장한 다고 규정하여 사찰과의 직무 한계를 확장하였다. 당시 지방경찰의 사찰업무 는 각 지역의 특수성에 비추어 직무분담이 일치하지 못하였다. 그중 경기도 경의 경우를 예로 들면, 1949년 7월 26일 사찰과에 경감 계장을 배치하고 分室制度를 신설함에 따라 서무계에는 서무·정문(政文)·취조반이, 사찰계 에는 형사·학사(學事)·공장반(외근)이, 외사계에는 외사·외사형사반이 각 각 두어졌으며, 분실(分室)은 지하공작을 담당하게 되었다. 1950년 3월 중앙 기구의 개편과 당시 조직된 보도연맹의 운영을 위하여 사찰업무는 더욱 확 대되어 서무계는 서무·보련반을, 사찰계는 정문(政文)·형사(刑事)취조반을, 외사계는 외사·외사형사반을 분실은 지하공작 등을 각기 분장하였다.

1949년 7월 신설된 査察分室은 대공지하공작을 주 임무로 하는 것이었다. 서울시경 사찰분실은 1948년 9월 3일 발족되었으며, 처음에는 직원이 30여 명이었으나 나중에는 분실직원이 사찰과 직원보다 훨씬 많아졌다고 한다. 초 대분실장에는 金昊翊 경감이 임명되었으며, 사상검사 吳制道는 당시 사찰분 실에 나와 살다시피 하며 사건을 지휘했다고 한다. 좌익사건이 많아지자 나 중에는 분실 밑에 또 분실을 두어야 했으며, 분실의 분실은 동대문 시장·

서울역·남대문 시장 등 사람이 많이 보이는 곳에 두었으며 모두 개인회사 간판을 내걸어 위장했다고 한다. 사찰분실은 여간첩 김수임 사건을 비롯, 김삼룡·이주하 검거, 국회프락치사건 등 주요 사건에 개입하였다.[26]

또한 경찰에서는 사찰활동의 강화를 위해 1948년 10월 9일 서울시내 각 구청별로 民保團을 창단하였다. 민보단의 조직 이유에 대해 경찰에서는 치안을 경관만으로는 유지하기 곤란하여 치안에 협조하고자 조직하기로 한다고 밝혔다.[27] 민보단은 서울 시내 각 경찰서 단위로 본단(本團)과 각동 및 직장에 분단(分團)을 두기로 하였으며, 1948년 11월 현재 10개소의 본단과 295개소의 분단을 설치하고 본단에 단장 10명, 부단장 22명, 부장 37명, 반장 36명, 단원 99명과 분단에는 분단장 295명, 부분단장 576명, 부장 1,003명, 반장 1,062명, 단원 3,386명 도합 16,316명의 단원으로 발족하였다.[28]

민보단은 洞행정을 보조하기 위한 것이라는 명분을 내세웠지만, 실제 목적은 공산당 사찰과 정보수집임무를 주로 하는 경찰보조기관의 역할을 했다. 민보단원은 우익청년이나 반공사상이 투철한 인사들로 대부분 관할서장의 추천으로 뽑았다. 이들은 방범활동은 물론 중요지역 경비·소방 보조 등 갖가지 일을 보조하였지만, 형식상 소속은 관할 洞으로 되어있었다. 민보단원

---

26) 김태선, 「남기고 싶은 이야기들 國立警察 創設」, 중앙일보, 1974년 12월 3일.
27) 수도경찰청장 김태선은 10월 18일 민보단 재조직 목적에 대하여 담화를 통해 다음과 같이 밝혔다. "上司의 승인과 서울시장의 협조 아래 각 동단위로 민보단을 조직케 하였는데 그 임무는 첫째로는 각 부락에서 도난 기타의 범죄를 미연에 방지하는 등 自警的 정신과 기능을 발휘하여 일반 동민에게 안도감을 갖게 하며, 둘째로는 민보단원은 그 부락에서 모범인물이 되어 모든 청소년을 선도하여 양풍미속의 향상을 도모하며 셋째로는 장래 유사시에 전 경찰이 돌발사건 진압에 총출동하지 못할 경우에는 내부치안의 전 책임을 부하시킬 것을 예상하고 있다." 한성일보 1948년 10월 19일.
28) 경향신문 1948년 11월 27일.

들은 겉으로는 洞의 일을 돕는 것처럼 보였지만 해당 洞에서 수상한 자가 발견될 때는 즉시 경찰에 보고하고 요시찰인의 동향감시 업무까지 하였다. 특히 이들 가운데 각 洞단위로 핵심인물 4-5명씩을 따로 뽑았는데, 이들은 표면에 나서서 활동하지 않고 경찰의 대공비밀요원으로 활용했다. 민보단의 비밀요원은 사찰분실처럼 시장·번화가 등에 회사 간판을 걸고 지하활동을 했다. 비밀요원들은 보고사항이 있더라도 직접 경찰서로 찾아가지 않고 언제나 지정한 장소에서 별도로 사찰과 직원 등과 접촉, 정보를 주고 지시사항을 전달받았다. 비밀요원 가운데는 남로당에 위장 가입, 남로당원 행세를 하며 정보는 빼내는 사람도 있었다.[29] 민보단은 경찰과 함께 합동 모의 전투훈련도 실시하는 등 경찰을 보조하는 기관으로 중요한 역할을 담당하였다.[30]

민보단은 창설 1년 뒤에는 일반단원이 4만여 명에 이르렀는데, 이는 당시 서울시민이 약 1백 60만 명 정도라는 것을 생각해 볼 때 엄청난 숫자라 할 수 있다. 이 같은 활동을 전개하던 민보단에 대해 1950년 3월 11일 이승만은 공보처를 통해 해산할 것을 발표하였다. 즉 당시 진행 중에 있는 청년방위대 조직에 호국단과 민보단을 해산하여 그 가운데 유능한 자를 택해 장교로 쓰고 나머지 단원들은 청년단에 들어가게 하여 방위대 조직이 완성되는 대로 해산할 것을 발표하였다.[31] 1950년 6월 20일에는 서울시 민보단 중앙협의회에서 민보단 해산성명을 발표하였으며[32], 이후 한국전쟁을 겪으며 저절로 해체되고 말았다.

---

29) 김태선, 「남기고 싶은 이야기들 國立警察 創設」, 중앙일보, 1974년 12월 10일.
30) 국도신문 1949년 8월 10일(서울시 경찰국 주최로 경찰·民保團 합동 모의전투훈련을 실시); 영남신문 1949년 8월 30일(民保團 경상북도단부, 단원들에게 군사훈련을 실시).
31) 조선일보 1950년 3월 12일.
32) 연합신문 1950년 6월 21일.

제3절 국민반과 유숙계를 통한 일상적 감시

이승만 정권은 이 같은 정부 차원의 대대적인 국민계몽운동과 함께 국민 반을 조직하여 국민에 대한 사상통제를 통해 정부에 대한 지지를 끌어내고자 하였다. 이미 정부에서는 1948년 8월 24일 열린 전국 지방장관회의에서 「國民運動 强化에 關한 件」을 지시하면서 독립촉성국민회가 국민운동의 중심역할을 할 것을 지시하고 있었다.[33]

이때 제시된 <국민운동 강화에 관한 건>을 살펴보면 아래와 같다.

"국민회로 하여금 본 운동사무를 담당케 함.

1. 본 회의 기능은 국민의 자발적인 애국열성의 응결력으로써 정부시책을 호응 완수하며 공산주의를 분쇄 극복하는 주축기관이 되어야 할 것.

2. 본 회는 국민 자체의 신뢰감과 자구심을 진작시킬 수 있는 위신과 견실·정확성을 보유하여야 한다.

3. 본 회가 본 운동을 전개함에 있어서는 종합적 조직과 단일체계로 총체적 연락과 조정을 최대한으로 발휘할 수 있어야 할 것.

4. 본 회의 기구 구성과 규약에 관하여는 우선 現行制로써 활용하기로 하나 就中 그 기능과 발동력에 있어서는 관민 일체하에 강력한 효력을 발휘함에 유감이 없도록 하여야 할 것.

5. 국민회 지방 간부 선임방법은 각급 운영위원회에서 전형한 자 중에서 선출하도록 할 것.

6. 국민회 지방 본·지부와 분회의 회비경리 及 징수방법 등은 중앙운영위원회에서 결정하기로 할 것. 단, 회비는 매호당 200원씩 징수하도록 할 것.

7. 본 국민운동에 관한 결정사항의 지시명령계통은 정부·국민회 양 계통으로써 지시하기로 할 것.

---

33) 경향신문 1949년 8월 26일.

8. 국민반 개편

(1) 종래의 애국반을 전부 국민반으로 개편할 것.

(2) 국민반 편성은 10호 내지 20호를 단위로 할 것.

(3) 반장은 반 내 주민이 직접 선거 또는 동리 분회장이 지명으로 할 것.

(4) 국민반은 최소한도 월 1회 이상 반상회를 개최하여 과거 실정을 검토하여 장래의 방안을 심의케 할 것" 등이다.

이 회의에서 金孝錫 내무부장관은 경비태세 강화, 査察강화, 留宿届 실시, 직장별의 自衛등에 관하여 각별한 유의를 요구하면서 국민회를 주체로 국민조직을 강화하는 것이 적절한 방법이라고 말하였다.[34]

국민회는 大韓獨立促成國民會를 확대 개편한 것인데, 총재는 이승만이었고 16세 이상의 모든 남녀가 자동회원이 되었으며 반공사상으로의 사상통일, 공산주의 잔재일소, 국방계획 협조 등을 내세우는 이른바 신국민운동을 전개하면서 관제데모와 관제국민대회 등을 조직하였다.[35] 1948년 11월 15일 獨促國民會에서는 국민운동을 적극 추진할 목적으로 미군정하의 국민운동은 독립을 戰取하기 위한 운동이었으나 정부 수립 후에는 관민일체가 되어 반공태세 강화와 국가보강을 위한 철저한 국민운동을 전개하여야 한다는 취지 아래 1) 국민회 내에 국민회 각부 간부와 정부의 각부 장관 및 지방의 도지사 군수로써 구성하는 관민합작운영위원회를 설치할 것, 2) 과거의 애국반을 국민반으로 개편 할 것, 3) 각 직장에 국민회 지부를 설치할 것을 결의하였다.

이 같은 국민반은 과거 일제 때 존재한 애국반에 근거를 둔 것으로 해방 후에는 동정(洞政)의 협력조직으로 조직한 것이었다.[36] 1949년 7월 지방자치

---

34) 자유신문 1949년 8월 26일.
35) 서울신문 1948년 11월 19일.
36) 북악산인, 「정치계 1년의 회고와 금후 전망」, 『신천지』, 1950.1 208

법 실시 이후 종래의 애국반을 국민반으로 개칭하여 그 편성을 10호 내지 20호를 단위로 하여 조직하고 반장은 반 내의 선거 또는 동회장의 지명에 의해 임명되었으며, 월 1회 이상 반상회를 개최하여 활동을 하였다. 그러나 이때의 국민반은 국민회를 중심으로 조직된 국민운동 강화의 일환으로 개편된 것이었던 만큼 국민반은 행정상의 조직보다는 국민운동의 조직체인 국민회의 단위조직적인 성격이 강하였다.

1949년 9월 國民會는 각부 장·차관과 민간인으로 운영위원회를 구성하였다.[37] 국민회에서는 국민운동의 적극 추진에 대비하여 운영위원회를 강화하고자 관측에서는 각부 장관 및 공보처장·내무부차관 13명과 국민회 측에서는 현 최고위원 6명에 국민회 각 부장 7명을 합하여 13명, 총 26명으로 구성하였다.[38] 그리고 운영위원회에서는 1949년 9월 15일 상임위원회를 개최하여 국민운동강화책을 비롯하여 1) 각 도·시·군·읍·면·지부 소재지 지분회 명령계통의 단일화, 2) 각급 기관 임원 선출에 있어 정당의 간부된 자, 기타 주민의 지탄을 받는 자 등을 제외할 것, 3) 국민반 개편에 관한 구체적 지시, 4) 특수 활동공작활동대 편성문제 등을 토의하였다.

－209쪽.

37) 조선일보, 서울신문 1949년 9월 16일

38) 한편 국민회에는 현재 정당소속회원도 포함되어 있는데 앞으로 국민회와 정당소속의 회원과의 관계에 대해서는 현재 정당 간부의 직위에 있는 인사는 국민회 최고위원은 겸할 수는 있으나 그 외 중앙·지부를 막론하고 국민회의 최고위원 이외의 간부를 겸하지 못하게 규정을 지었다고 한다.
　官邊側(13명): 내무부장관 金孝錫, 사회부장관 李允榮, 재무부장관 金度演, 상공부장관 尹潽善, 교통부장관 許政, 문교부장관 安浩相, 국방부장관 申性模, 체신부장관 張基永, 보건부장관 具永淑, 외무부장관 林炳稷, 농림부장관 李宗鉉, 공보처장 李哲源, 내무부차관 張曔根.
　국민회 측(13명): 최고위원 吳世昌, 明濟世, 申翼熙, 裵恩希, 李允榮, 池大亨, 사무국장 李活, 총무부장 崔太瑢, 재무부장 李成周, 조직부장 朴載英, 문화부장 李寬運, 선전부장 未定, 감찰부장 金一休.

국민회에서는 1949년 9월 29일 국민반 단위의 연대책임제 실시와 각 지방으로 계몽대·특수공작대·멸공대 등을 조직하여 활동을 전개하였다. 국민반 단위의 연대책임제는 국민반원을 일정한 인원으로 단위제를 조직하여 동단위제 중에서 이적행위를 범한 자가 있을 때에는 해당 가족과는 일절 교제를 중지한다는 것이었다.[39]

이러한 국민반 조직은 이후 내무부 산하로 조직되어 모든 국민이 가입하였다. 이 단체는 국민과 정부 간의 의사소통이 표면적인 목적이었으나, 실제로는 좌익에 대한 확인과 색출을 위한 것이었다. 자유당 정권말기에 이 국민반 조직은 야당 지지자들을 확인해내고 협박하는데 이용되기도 하였다.

다음으로 국민통제장치의 일환으로 실시된 것이 留宿屆 제도이다. 정부에서는 국민재조직운동을 전개한다는 명목으로 1949년 5월부터 외래유숙자 신고제를 신설하고, 6월부터 이를 실시하여 주민감시체제를 제도화하였다. 이 제도에 따르면 10세대 이내로 애국반을 편성하고 각 반장은 경찰이 임명하며 매월 1일 반상회를 소집하고 소집 시에는 반드시 경찰관이 참석토록 되어 있었다.[40] 그리고 상호 연대책임하에 반국가적 불순사상의 침투를 미연에 방지하기로 하는 한편 班內에 유숙하게 되는 외래객에 대해서는 비록 그가 부모형제라 하더라도 반드시 소관 파출소 혹은 경찰서에 보고하게 하였다.[41]

이에 대해 국회에서는 소장파 의원을 중심으로 1949년 4월 29일 元長吉·盧鎰煥·李文源·金用鉉 등 93명의 의원이 연서로 유숙계제도 실시는 헌법에 위반된다는 것을 지적하고 정부는 즉시 이 제도를 철회하라는 내용의 긴급동의서를 국회 의사국에 제출하였으나 표결 결과 부결되었다.[42]

---

39) 서울신문 1949년 9월 30일.
40) 조선일보 1949년 4월 26일.
41) 서울신문 1949년 4월 19일.
42) 긴급동의서 내용은 다음과 같다. "主文: 來 5월 1일부터 정부에서 실

1949년 4월 내무부와 서울시경찰국에서는 애국반 운영세칙과 留宿屆 제출 규정을 작성하여 발표하였다.[43)]

<애국반운영세칙>은 다음과 같다.[44)]

제1조 동회장은 애국반을 10세대 이내로 편성할 것.

제2조 동회장은 각자 책임하에 애국正·副班長을 선출 임명하되 班意를 존중하여 세대주 3분지 2 이상의 출석하에 호선하고 반장 有故時는 부반장이 대행할 것. 단 신원조사 결과 경찰이 부적당하다고 인정할 시는 개선을 요함.

제3조 애국반장 급 반원은 애국반 운영에 대하여 당국의 지시 명령에 복종할 의무를 負함.

제4조 애국반장은 소정 별지양식 제1표에 의한 반원 명부 4통을 작성하여 반, 동회, 所轄 경찰관지서 又는 파출소 급 경찰서에 각각 1통씩 비치케 하고 반원 이동이 유할 시는 즉시로 반명부를 정리하는 동시에 동회급 경찰관지서 又는 파출소에 屆出할 것.

시하려는 국민조직 재편성에 의한 외래유숙자 신고제는 헌법에 위반되는 행정조치이므로 정부는 즉시 이를 철회할 것. 理由: 민주주의 법치국가의 기본정신은 인권존중에 있으며 대한민국의 헌법에 있어서도 엄연히 이와 같은 원칙이 법적으로 규정되어 있는 것이다. 그럼에도 불구하고 정부가 발표한 소위 유숙자 신고제라는 것은 민주입법정신과 민주정치에 위반되는 독재정치의 일면일 뿐 아니라 실제적으로 헌법 제10조를 유린하는 것이며 민주정치 자체를 부정하는 것이다. 민간생활의 자연성과 5천년 전래하여 온 미풍양속에 비추어 보더라도 이와 같은 방법을 적용하여 범죄를 미연 방지한다는 것이 惡政인지 善政인지는 자명한 것이며 전 민중을 범죄파괴자로 보는 이런 제도와 행정은 고금을 통하여 보지 못한 바이며 이는 전 민중의 사생활에 경찰의 간섭을 도입시키는 비민주적인 권력발동에 불과한 것이니 전 민중의 생활을 극도로 구속하는 것으로 우리는 단연코 동 행정조치의 철회를 주장하는 바이다." 조선중앙일보 1949년 5월 1일.

43) 서울신문 1949년 4월 25일.
44) 서울신문 1949년 4월 25일.

　제5조 애국반장은 소정 별지양식 제2표에 의한 浮動거주자 명부 4통을 작성하여 반, 동회, 소할 경찰관지서 又는 파출소 급 경찰서에 각각 1통씩 비치하고 일시 체재자(1夜 숙박자를 포함)가 유할 시는 세대주로부터 계출 즉시 반원 명부에 등록하고 신원의 확실 여부를 불문하고 소할 경찰관 지서 又는 파출소원에게 제시하여 등록자 서명란에 날인을 받은후 동회에 제시하여 동회 명부를 제시케 할 것(본문 일시 체재라 함은 寄留届出을 하지 않은 자 일체을 말함).

　제6조 애국반장은 반원 혹은 일시 체재자 급 숙박인 중 수상하다고 인정되는 자가 유할 시는 지체 없이 경찰관서에 연락할 것. 기타 경찰에 관련되는 사안 일체 亦 동일함.

　제7조 세대주는 인구 이동(1夜 기숙, 1夜 외박을 포함)이 유할 시는 즉각 애국반장에게 구두계출하고 반장으로부터 질문이 유할 시는 정확히 此에 응답할 것이며 세대주 부재시는 세대 책임자 순서로 계출의 책임을 負할 것. 단, 직업상 항시 외박을 요하는 자로서 豫히 애국반장의 승인이 有할 시는 此限에 不在함.

　제8조 세대주는 일시 寄留同居, 하숙인 등의 퇴거 시는 24시간 이내에 소정 별지양식 제3표에 의하여 애국반장에게 보고하고 애국반장은 此를 즉시 동회 급 소할 경찰관지서 又는 파출소에 계출할 것.

　제9조 경찰관지서 又는 파출소원은 애국반장으로부터 제4조에 의한 계출이 유할 시는 지체 없이 날인하고 애국반장·세대주 혹은 기타를 통하여 체재자의 신원 급 체제이유를 엄밀히 內査한 후 그 결과를 반원명부 移動欄에 해당 사항을 기재하고 소할 경찰서장에게 보고할 것.

　제10조 경찰관지서 又는 파출소원은 애국반장으로부터 제8조에 의한 계출이 유할 시는 지체 없이 그 사실을 조사하여 浮動居在者名簿를 정리한 후 本署에 보고를 할 것.

제11조 동회장은 매월 1일에 반장 전원을 소집하여 定例常會를 개최할지며 반장은 此 취지를 반원에게 실천시키기 위하여 매월 3일을 반상회일로 정할 것. 단 개최시간은 임의로 하되 사전에 소할 경찰관서에 보고할 것.

제12조 경찰서장은 警査 이상 간부로서 班長常會에 필히 임석케 할지며 반상회에도 가급적 임석토록 할 것.

제13조 애국반 운영의 철저를 기하기 위하여 民保團 분단장은 수시 此를 감시할지며 결과를 소할 경찰관지서 又는 파출소에 연락할 것.

제14조 애국반장은 반 내 인구異動 及 기타 상황을 파악하기 위하여 수시 반원 가정을 방문할 것 등이다.

애국반 개편에 따르는 동회 운영방법과 유숙계 제출규정을 보면 다음과 같다. 각 동회장은 각 동회·애국반을 10가구 재편성하고 반장은 반원 상호간 호선제에 의하여 선출하되 반드시 경찰의 사후 승인을 받아야 했다. 각 동회에서 수시로 개최되는 班長常會에는 반드시 警査급 이상의 경찰 간부가 참석하여 항상 동·반장 등과 함께 동리의 실태를 파악하도록 하였다. 외래객의 유숙은 하루 밤을 유숙하게 되는 경우라도 그 신분 여하를 불문하고 반원(세대주)은 즉각 이를 소속 반장에게 구두로 제출하여야 되며, 반장은 제출이 있는 즉시로 유숙인의 본적, 현주소, 전일 숙박소, 전출년월일, 생년월일, 세대주와의 관계 등을 소정양식에 세밀히 기입하여 소관 경찰관지서(도시는 파출소) 혹은 경찰서에 보고하여 반 내의 주거 동태를 신속히 당국에 보고하여 범죄발생을 미연에 방지한다는 내용이었다.

서울시에서는 6월 4일 유숙신고 규정을 발표하여 유숙계를 실시하기로 하고 기존의 반을 전면적으로 개편하였다. 즉 기존의 반은 한 반이 적은 데는 20가구(세대) 전후이며 많은 데는 30가구 이상이어서 새로 실시되는 유숙계 신고제가 반장을 중심으로 하게 되어 있기 때문에 그 철저를 기하기 곤란하다 하여 10가구 내지 13가구를 단위로 개편하였다. 이에 따라 시 내무국에서는 반을 개편하여 시내 8구에 277동회, 총 15,254반을 조직하였다. 당시 시내 가구수가 293,139(세대)였는데 10가구 내지 13가구를 한 班으로 하여 지역별로 개편하는 동시에 종래에는 반으로 편입되지 않았던 회사는 회사별로 하고 또는 직역별로 하여 총 2만 5천반을 편성하였다. 이렇게 하여 기존보다 약 1만반이 늘어나게 되어 국민에 대한 통제의 망은 더욱 세밀화하게 되었다.[45)]

1949년 5월 7일 留宿屆 실시 후 상황을 보면 일반 班員의 외출도 보고해야 하는 것으로 드러나 국민통제의 정도를 짐작해 볼 수 있다.[46)] 1949년 6월 4일에는 서울시 市 命令 제6호로 留宿屆가 공포되었다.[47)] 이때 공포된 유숙계의 중요한 점을 추려 보면 다음과 같다. 즉 애국반에는 반장과 부반장제를 두고 일시 체류나 일박 유숙이라 할지라도(친족·타인을 불문) 세대주는 반장에게 통고하고, 반장은 경찰에 통고하여 경관의 도장을 받은 후 동회에 제출하게 되어 있다. 또 반원 중에서 외출 혹은 지방에 갔을 때에는 반장에게 보고하도록 되어 있다. 직무상으로 상시 외박을 하는 사람의 경우는 반장에 승인을 얻어 두어야 했다. 그리고 반장에 대한 감시는 民保團 분단장이 감시 지도한다고 되어 있다.

1949년 7월 21일 金泰善 서울시 경찰국장은 留宿屆는 좌익의 지하운동을 방지하는 것에 목적이 있다고 밝혔다.[48)] 따라서 서울시 경찰국에서는 公安課 내에 유숙계를 설치하고 관하 각서와 연락사무를 취급하였는데, 그동안 재편성된 애국반 수와 기타의 보고를 보면 동회 284개소에 1,967統, 기타 반수는 1만 9,388개소라고 하였다. 유숙계 신고에 있어서 10세 이하, 60세 이

---

45) 경향신문 1949년 6월 6일.
46) 동아일보 1949년 5월 7일.
47) 동아일보 1949년 6월 5일.
48) 경향신문 1949년 7월 22일.

상은 신고를 하지 않아도 되었다. 그러나 만일 반원 혹은 반장이 유숙계를 고의로 신고하지 않으면 경찰처벌규칙 32호에 적용된다고 밝혔다.

서울시에서는 1949년 7월 25일 留宿屆 신고규정과 시행세칙을 발표하였으며, 7월 25일부터 서울 시내에 유숙계제도가 실시되었다.

<유숙계 신고규정>은 다음과 같다.[49]

제1조 서울시의 치안을 확보하기 위하여 유숙신고제를 실시한다.

제2조 本令은 서울시 거주자 및 유숙자에 적용한다.

제3조 본 령에서 班員이라 함은 班內에 거주하는 家口主에 속하는 가족 및 유숙자를 말하고 유숙자라 함은 반원 아닌 자로서 유숙하는 자를 말한다.

제4조 가구주는 자기 주거 내에 16세 이상 60세 이하의 유숙자 또는 가구 중 외박한 자가 있을 때에는 左의 사항을 즉시 소속반장에게 신고하여야 한다. 단, 경찰서장이 사상이 온건하고 신분이 확실하다고 인정한 자 및 직업상 常時 외박 또는 숙박을 하는 자로서 미리 반장의 승인을 받은 자에 대하여는 신고를 요하지 않는다.

1. 본적·주소·성명·직업·연령 2. 前宿洞 또는 유숙지(외박자 행선지) 3. 도착 연월일(외박자는 출발 연월일시) 4. 유숙 예정일시(외박자는 외박 예정일수), 전항에 의하여 신고한 자 퇴거하였을 때, 또 외박자 귀가하였을 때에는 즉시 출발 연월일시 및 그 행선지를 신고하여야 한다.

제5조 반장은 반 내 가구로부터 前條의 신고를 받았을 때에는 즉시 경찰지서 또는 파출소에 신고하여야 한다. 단 반장 有故時에는 반장을 대리하는 자, 이를 신고하여야 한다.

제6조 반장은 반 내 사정을 파악하기 위하여 수시 가정을 방문할 수 있다.

제7조 반 경찰지서 및 파출소에서는 제1호 書式에 의하여 반원 명부를 비

---

49) 동아일보 1949년 7월 25일.

치하여야 한다(이동신고는 24시간 이내에 제출하여야 한다).

제8조 본 령 실시의 철저를 기하기 위하여 洞會長은 반장 常會를 매월 1회 이상 개최하여야 한다.

<유숙계 시행세칙>을 살펴보면 아래와 같다.[50]

제1조 경찰서장은 본 규정의 취지 及 요령을 부하직원, 동회, 民保團 분단장 및 반장에게 철저히 주지하도록 교양하여야 한다.

제2조 경찰서장은 본 규정에 관한 사무 일체를 보안계에 담당케 하는 동시에 경무·사찰·수사 및 경제계로 하여금 적극 협조케 하여야 한다.

제3조 경찰서장은 본 규정 실시에 완벽을 기하기 위하여 수시 감독·순시하고 부당한 처사가 有하다고 인정할 때에는 此를 시정토록 지도하여야 한다.

제4조 본 규정의 목적을 달성하기 위하여 동의 반을 13가구 이내로 재편성하고 반에 반장·부반장을 두되, 반원의 互選에 의하여 동회장이 此를 임명한다.

제5조 서장은 전항에 관한 正副반장이 선출·임명 완료시는 즉시 임명된 정·부반장의 신원조사를 실시하여 부적당하다고 인정 시는 改選하고 결과를 本局에 보고하여야 한다.

제6조 반장은 규정 제4조에 의한 반원 외박이 있을 때에는 또 유숙자가 있을 때에는 신고하여야 한다(단, 전입자에 한하여는 제7조에 의한 명부를 새로 비치하여야 한다).

제7조 署員은 반장으로부터 규정 제5조 및 제7조에 의한 신고가 있을 때에는 반장·가구주 혹은 기타를 통하여 이동자의 신원 및 이동이유를 엄밀히 내사한 결과를 해당 명부에 기입하고 新전입자 및 퇴거자와 기타 수상하

---

50) 동아일보 1949년 7월 25일.

다고 인정하는 자는 본 서에 보고하여야 한다.

제8조 서장은 관하 서원으로부터 5조 및 7조에 의한 보고를 접수하였을 때에 보안계로 하여금 경무·사찰·검사·경제계에 회람시키고 제7조에 의한 퇴거에 대하여는 행선지를 관할 경찰서장에게 통고하고 동별로 정리하여야 한다.

제9조 유숙자 명부는 2주일 이상 유숙할 자와 2주일 미만 유숙할 자를 구분하여 별도로 정리하여야 한다.

제10조 정부 요인 又는 애국정당단체의 간부로서 수시 외박을 요하는 자에 대하여서는 규정 제4조를 적용치 않는다.

제11·12·13조(생략).

한편 서울시 경찰국에서는 유숙계의 원활한 실시를 위해 표어를 공모하여 1949년 8월 30일 서울시 경찰국에서는 留宿屆 표어 당선작을 발표하기도 하였다.[51] 시 경찰국에서 유숙계 신고에 대한 표어를 모집하여 8월 25일 관하 각 과·서장 及 계장 연석회의에서 표어에 대한 심사를 한 결과 당선된 표어는 다음과 같다.

1등 지하에 묻힌 적을 유숙계로 찾아내자(柳祐烈)

2등 너도나도 유숙신고 살펴보자 우리반원(柳重龍)

3등 신고하자 유숙계 너도나도 정확히(尹泰石)

4등 너도나도 신고하자 오나가나 유숙계를(朴海朝)

1949년 8월 한 달 동안 서울에서 실시된 유숙계 제도의 신고위반 현황을 보면, 경찰국 공안계 발표에 의하면 위반이 3만 6,796명이나 되었으며, 그 내용을 보면 외박자로 위반한 것이 1만 3,384건에 유숙이 2만 3,402건이었

---

51) 경향신문 1949년 8월 30일.

다. 이들 가운데 5,975명은 說諭처분이 내려지고 1,163명에게는 과료처분, 나머지 182명은 각기 구류처분에 회부하였다.[52]

이승만 정권은 국민반과 유숙계 제도를 통해 감시망을 구축하는 한편 道民證과 市民證 발급을 통해 국민들의 사상을 검증하고자 했다. 즉 도민증을 발급받으려면 "반국가 사상을 抱持하고 대한민국정부의 시책을 방해하지 않아야 하고, 치안교란을 야기할 우려가 없어야"했다.

참고로 <경상북도 도민증 발행규칙>을 살펴보면 아래와 같다.[53]

제1조 경상북도의 民情을 조정하고 치안을 확보하기 위하여 경상북도 도민증(이하 도민증이라 칭함)을 발행한다.

제2조 도민증은 경상북도 내 거주자에 대하여 此를 발행한다. 단 左記 각호에 해당하는 자에 대하여는 발행하지 않는다.

1. 군인·군속 및 경찰관·소방관, 2. 관공리로서 身分證明書를 소지한 자 3. 14세 미만 및 60세 이상자, 4. 2개월 미만 도내 거주자 5. 반국가사상을 抱持하고 대한민국정부 시책을 방해하는 자 6. 기타 치안교란을 야기할 우려가 有하다고 인정하는 자

제3조 도민증은 所轄 경찰서장 및 國民會 군지부장 兩者 명의로 此를 발행한다. 단 일체 사무취급은 경찰서장이 처리한다.

제4조 경찰서장은 소할 구역 내 거주자로부터의 신청에 의하여 제2조 각호에 해당 여부를 조사하여 도민증을 발행한다.

제5조 도민증의 발행을 받으려 하는 자는 좌기 각 서류를 구비하여 소할지서를 경유, 경찰서장에게 신청하여야 한다.

1. 도민증 교부신청서 2통, 2. 소속장의 재직증명서 2통, 3. 手札型無帽半身寫眞 2매

---

52) 서울신문 1949년 9월 3일.
53) 영남일보 1949년 10월 2일.

제6조 각 경찰서 및 각 지서에서는 도민증 발행대장을 비치하여야 한다.

제7조 도민증의 발행을 받은 자로서 이동이 有한 時는 즉시 발행관청에 屆出하여 정정을 요하여야 한다.

제8조 도민증을 소지한 자로서 경상북도 외로 轉居할 경우에는 발행관청에 필히 반납하여야 한다.

제9조 소할 경찰서장은 도민증의 소지가 부적당하다고 인정할 시는 此를 회수할 수 있다.

부칙 本則은 공포일부터 此를 실시한다.

도민증은 관할 경찰서장과 國民會 郡支部長의 명의로 이를 발행하게 하여 당시 전개되고 있던 국민회 주도의 국민운동에 참여를 하지 않는다는 것은 '불순한 사상을 抱持'한 자로 오인받을 수도 있는 상황이었다.

이상에서와 같이 국민통제를 위한 사찰관행과 국민반·유숙계 제도 등을 통한 감시체제가 좌익세력 침투 방지와 불순분자를 색출한다는 명분으로 정착되어 가고 있었다. 국민에 대한 통제와 감시는 자유로운 사상과 표현의 자유를 가로막는 강압적 분위기를 조성하였으며, 이는 좌익뿐만 아니라 이승만의 반공논리에 동조하지 않는 이들과 반이승만세력들을 적대적으로 규정하고 색출하여 제거하고자 하는 것이었다. 이러한 전시를 방불케 하는 국민통제체제와 동원체제를 구축하는데 있어 경찰의 역할은 지대한 것이었다.

제2장 한국전쟁과 국민통제의 확립

제1절 부역자 처리와 치안확보

한국전쟁의 과정에서 국민에 대한 통제는 더욱 강화될 수 밖에 없었다. 이 시기 경찰은 후방지역 치안확보와 부역자 처리 등을 통해 반공국가를 더욱 강화시켜 나갔다. 학살과 부역자 처리 등 인권유린이 당연시되었으며, 국민들의 생활까지도 광범위하게 규율하고 있었다.

이러한 부역자 처리 이외에도 전쟁 중의 비상사태하에서 계엄법에 따라 비상계엄 지구에서는 구속영장이 없이도 인신구속을 할 수 있게 되어 있어 경찰에 의한 인권유린이 문제가 되었다. 또한 수복지구에서의 불법적 적산가옥 취득, 1951년 12월 과거의 기부통제법을 더욱 강화한 기부금품 모집행위 금지법이 통과되었음에도 계속되는 기부금 징수행위로 인해 국민들의 불안과 불만은 높아질 수 밖에 없었다.

우선 전쟁기간 동안 보도연맹원들에 대한 대규모 학살이 이루어졌다. 개정된 국가보안법에 따라 사상범이 급증하자 형무소가 부족하다는 이유로 사안이 가볍고 사상전향의 가능성이 존재하는 자에 대해서는 형의 유예선고와 함께 보도구금소에 보내어 교화하고, 그 자가 사상을 전향하면 석방해서 보도연맹에 가입시켜 일정한 관찰을 행한다(제12조 – 제18조)[54]는 규정에 따라 사상이 전향되었다고 판단하여 석방된 사람이 의무적으로 가입하던 '국민보도연맹'의 맹원은 1950년 초반에 30만 명이 넘었다. 이들 중 상당수가 한국전쟁 발발 직후 후퇴하는 군경에 의해 사살되었을 것으로 추정된다.[55] 비단

---

54) 박원순, 앞의 책, 역사비평사, 1995, 111쪽.
55) 보도연맹에 대한 기존 연구로는 조성구, 「현장취재 경남·전라지역의 보도연맹원·양민학살: 6·25 40주년 특집」, 1990년 5월, 『역사비평』,

보도연맹 가입자뿐만 아니라 동조 가능성이 있는 사람들에 대한 학살이 국군과 경찰에 의해서 광범위하게 자행되었다.[56]

국민보도연맹은 결성 초기에는 내무부에서 경찰이 주로 조직하고 운영을 담당해오다가 이후에 주관처가 법무부로 바뀌었다.[57] 국민보도연맹의 중앙조직에는 경찰 측에서는 김태선 서울시 경찰국장(국민보도연맹 서울시본부 이사장), 최운하 서울특별시 경찰국 부국장 등이 참여하고 있었다. 각 지역 보도연맹은 해당 경찰서의 査察係에서 주로 담당하고 있으며, 각 지역 보도연맹 결성식에는 사찰계 주임이 참석하고 있음을 알 수 있다. 이러한 국민보도연맹에 대해 국회에서 민경식 의원은 "만약 보련에 가입하지 않는다고 하면 신분을 보장하지 않는다고 협박을 하면서 1郡에서 얼마만한 권유장을 발부하였냐고 하면 만 명에 있어서 만 명에 가까운 권유장을 발부하고 있다. 10만 인구로써 따져보면 부녀자를 제외하고 청년 나머지 4할이나 5할에 달하는 수효를 보련에 가입하란 말이다"라고 그 폐단을 지적하고 있다.[58]

다음으로 한국전쟁기간 동안 전선의 확대와 반복된 이동으로 말미암아 양

160－171쪽.

56) 지난 60년 4대 국회의 '양민학살사건진상조사특별위원회'가 한국전쟁을 전후해 군과 경찰에 의한 양민학살사례에 대한 현장조사를 벌인 결과 경남북과 전남북 및 제주도 등 5개 도, 42개 지역에서 모두 8천 522명의 희생자 발생을 확인한 것으로 나타났다.(총계＝피학살자 8천 522명, 재산피해 가옥 1만 41호 4천179동, 식량 4천930석, 가축 3천 36두, 의류 3만 8천949점) 국회 보고서에서도 스스로 밝히고 있듯이 이 보고서의 집계는 그야말로 전체 규모에 비해 극히 일부에 불과하다는 것이다. 11일간의 극히 짧은 기간에 지방행정기관이나 국방부·경찰 등의 협조를 전혀 받지 못한 상태에서 조사가 이뤄졌으며, 조사특위소속국회의원 가운데도 경찰 출신 등 학살에 직간접적으로 개입한 가해자 측 인물이 많아 근본적으로 한계가 있는 조사였기 때문이다. 『1960년 국회진상조사국회 본회의회의록 내용(국회 제35회 제19차, 1960. 5. 23)』.

57) 『제헌국회 속기록』 8, 장경근 내무부차관의 답변, 599쪽.

58) 국회사무처, 『제헌국회속기록』 제6회 제28호 598－602쪽.

산된 '부역자'처리가 문제가 되었다. 부역자는 일반법인 형법과 국가보안법에 의해서도 처벌이 가능했다. 그러나 전시하에서 더욱 엄중한 형을 보다 간단한 절차로 선고할 수 있는 특별법으로 '비상사태하의 범죄처벌에 관한 특별조치령'이 1950년 6월 25일 대통령 긴급명령 제1호로 공포되었다.[59] 대통령 긴급명령 제1호인 비상사태하 범죄처벌에 관한 특별조치령은 전쟁당일인 1950년 6월 25일자로 비상사태하에 있어서의 반민족적 또는 비인도적 범죄를 신속히 엄중 처단함을 목적(제1조)으로 제정된 것이었다.[60] 이 법령의 내용은 너무나 일반적으로 예상할 수 있는 범위를 초과했기에 전쟁기간 내내 문제가 되었다.

이에 대해 국회에서는 「附逆行爲특별처리법안」과 「私刑금지법안」, 「비상사태하의 범죄처벌에 관한 특별조치령 중 개정법안」의 처리를 통해 비상사태를 빌미로 자행될 수 있는 국민의 기본권침해 방지를 위한 입법조치를 단행하였다. 附逆行爲특별처리법은 전쟁기간 동안 적에 협력한 자들에 대한 처

---

59) 內務部 治安局 編, 앞의 책, 1972, 220 – 221쪽.
60) 특조령의 공포날자에 대해서는 여러 가지 설이 있다. 우선 서중석은 특조령이 실제로 제정 공포된 거의 1950년 6월 28일 대전에서였다고 한다. 서중석은 그에 대한 증빙으로서 유병진 판사의 기술("본령은 대전 천도시에 성안하여 공포 실시한 것으로 기억된다") 무초 주한미대사의 전문, 국방부 정훈국의 자료를 인용한다.(서중석, 『조봉암과 1950년대(하)』, 역사비평사, 2000, 678 – 679쪽)
다음으로보다 특조령 공포날자가 6월 29일이라는 주장도 있다. 김갑수의 증언에 따르면, 그는 1950년 6월 29일 대전에 도착하였는데 "장경근 국방차관이 비상사태하의 범죄처벌에 관한 특별법을 만들어야겠다고 제의했다"는 것이다. "살인, 방화 등 특정범죄를 비상사태하이니 형법에서 정한 형보다 무거운 형으로 처벌해야겠다는 취지였다. 장 차관의 초안을 기초로 심의한 끝에 대통령령으로 이를 제정했다"고 쓰고 있다.(김갑수, 『법창 30년』, 법정출판사, 1970, 137쪽)
이처럼 특조령의 공식적인 공포일자는 1950년 6월 25일이지만 이 날자는 6월 28일 혹은 29일에 만들어진 특조령을 소급한 것으로 평가되고 있다.

리를 신중히 하기 위해 특별심사위원회를 두고 이 위원회로 하여금 피의자를 심문 또는 조사하여 검찰기관에 대한 회부 여부를 결정짓도록 하고 있는데, 이 위원회가 또 하나의 검찰기관으로서 삼권분립 원칙에 위배된다는 정부의 재의 요구에 대해 11월 13일에 재가결되어 확정되었다. 그러나 이 법은 위원회 구성과 운영으로 사건 처리 자체가 지연되고 민간인의 심사참여로 인해 불순분자가 가담할 우려가 있다는 이유로 정부가 개정안을 제출해 12월 15일 가결됨으로써 실제 시행되지는 못하였다.

私刑금지법은 군·경·청년방위대원 등이 逆徒 또는 부역행위자의 처벌을 이유로 무고한 국민에게 생명·신체·재산상의 위해를 주었을 경우 이를 가중 처벌할 것을 내용으로 하고 있었다. 이 법은 이미 규정된 국민의 기본권을 재삼 강조할 필요가 없다는 정부의 재의 요구에 대해 11월 13일 재가결되었다.

비상사태하의 범죄 처벌에 관한 특별조치령 개정안은 대통령 긴급명령에 따른 비상사태하의 단심 처벌 규정에 대해 형량을 완화하고 재심 청구가 가능하도록 개정한 것으로, 정부의 재심 요구에 대해 10회 임시회에서 재가결되었다.

부역자 처리는 '비상사태하의 범죄처벌에 관한 특별조치령'에 따라 1950년 9월 28일 환도 후 잔류한 시민들[61]을 대상으로 하여 부역자처단의 형태로 본격적으로 처리되기 시작하였다. 부역자란 '적치하에서 자진하여 혹은 위협과 강제에 못 이겨 역도에게 협력한자'를 말하여, 처단의 목적은 '피탈지역을 수복함과 동시에 이들 부역자에 대한 방침을 확립하여 일면 민족정기를 밝힘과 동시에 타면 민심의 불안을 진정하도록' 한다는 것이었다.[62] 정부는 우선 군·검·경 합동수사본부를 설치하여 1951년 5월 24일 해체될 때까지

---

61) 시민 정치인들의 잔류 이유 및 상황에 대해서는 김동춘, 「서울시민과 한국전쟁 - 잔류도강, 피난」, 『역사비평』 2000년 여름호 43 - 56쪽.
62) 대한민국국방부정훈국 전사편찬위원회, 앞의 책, 76쪽.

부역자의 체포와 처벌 임무를 맡겼다. 이 합수부가 설치되기 이전에는 주로 경찰조직에 의하여 부역자가 적발·검거되었다.

이때 부역자라는 것은 "공산독재의 사상을 이념적으로 공명하거나 또는 이론적으로 맹신하여 대한민국의 민주정치를 반대함은 물론 국가의 기본조직을 파괴하는 행동을 취하거나 또는 그들의 행동에 가담하여 반민족적 비인도적 행위를 감행한자"를 총칭하는 것이다.[63]

부역자는 다음과 같이 4종으로 구분되었다.

첫째, 이념적 공명자로서 공산주의 사상을 이념적으로 공명하고 또한 그 것을 정당하다고 긍정하여 실천에 옮기려는 자들이다. 따라서 이 와 같은 공산분자는 거개가 조직계통에 속하는 공산당원이고 가장 악질적으로 행동한 자들이다. 이러한 자들은 공산주의를 광신하고 또 행동하는 것인 만큼 가장 용감하고 잔인하게 폭력적인 행동을 감행하였으므로 적극분자에 속하는 것이다.

둘째, 반정부 감정 포지자로서 비록 공산주의를 신봉하지 않더라도 정부 의 시책에 대하여 불만과 불평을 가진 자들이다. 이들은 막연히 기존조직의 변혁을 희구하였던 것인 만큼 6·25전란과 같은 비상 사태에 당하여는 돌발적인 파괴세력에 가담하게 된 자들로서 소극 적인 공산분자들이다.

셋째, 대세뇌동자들로 공산주의를 이념적으로 공명할 판단력도 없을 뿐만 아니라 반정부적 감정도 포지하고 있는 바도 아니지만 우리나라의 지리적 조건과 미소 양국의 병력을 비교하고 소련이 강대하다고 맹단하여 일시적으로 대세에 부화뇌동하여 부역한 자들이다. 이에 속하는 자들은 소극분자에 속하는 것이다.

63) 內務部 治安局 編, 앞의 책, 1972, 547쪽.

넷째, 피동분자로서 그릇된 개인사상으로 소아적 견지에서 일신의 明哲 보신을 도모하여 기회에 편승하는 자들이 강압 밑에 不本意 내지 피동적으로 부역한 자이며 이와 같은 자들 또한 소극분자에 속하는 것이다.[64]

합동수사본부에서는 인민군 치하 3개월에 한하여 부역자 검거에 착수하여 검거인원 153,825명 자수인원 397,090명 도합 550,915명의 부역자를 검거 처리하였다.[65] 이들 중 일부 극소수에 달하는 의식분자 즉 북한군 1,448명, 중공군 28명, 적유격대 9,979명, 노동당원 7,661명, 도합 196,116명을 제외하고는 거개가 강압으로 인해 부득이하게 부역한 자들이었다. 너무나 많은 숫자를 처리하면서 수사기관은 이들을 대략 이념적 공명자, 반정부감정 포지자, 대세뇌동자, 피동분자 등으로 분류하고 앞의 두 부류 적극분자로 간주하여 엄중처벌을 후의 두부류를 소극분자로 간주하여 관대한 처분을 내렸다고 한다.[66] 그러나 그러한 분류 자체가 매우 모호하여 수사기관의 자의적 처리가 가능했으며, 증거 생략 및 초단기간 내 처리방침에 따라 실체적 진실에 부합하는 분류 자체가 가능하지 않았다.

---

64) 內務部 治安局, 『警察10年史』, 266 - 270쪽.
65) 박원순, 「전쟁부역자 5만여 명 어떻게 처리되었나」, 『역사비평』 1990년 여름호.
66) 內務部 治安局 編, 앞의 책, 1972, 268 - 269쪽.

〈표 2〉〈부역자검거현황〉

총 검거인원		의식 분자	
검거 자수	153,825명 397,090명	북한군 중국군 빨치산 노동당원	1,448명 28명 9,9979명 7,661명
계	550,915명	계	19,116명

출처: 內務部 治安局 『앞의 책』, 1958, 267쪽.

　또한 공산주의자가 아니면서도 반정부감정을 평소 가졌다고 해서 처단될 위험성이 부역자 선정기준 자체에 이미 내재되어 있었다. 평소 언행이 반정부적이었다거나 그렇게 보이는 인사들은 전시를 빙자한 무고와 보복감정의 악화 속에서 희생될 수 있었던 것이다. 더욱이 공산주의자라고 한번 낙인찍힌 인사들은 부역자로 몰릴 위험이 높았다.

　이러한 부역자 처리 이외에도 전쟁 중 전시체제하에서 경찰에 의한 인권유린이 문제가 되었다. 한국전쟁 중의 비상사태하에서 계엄법에 의한 비상계엄 지구에서는 구속영장이 없이도 인신구속을 할 수 있게 되어 있었다.[67] 당시 경찰과 관련해서는 한국전쟁 때까지도 법령이 제대로 정비되어 있지 않아 제헌헌법 제100조에 따른 일제의 의용법령을 사용하고 있었다. 이러한 의용법령들이 한국전쟁 당시 적용되었는데, 그 억압적 성격과 경찰의 권한남용 때문에 문제가 많이 발생하였다. 이에 따른 경찰에 의한 인권유린 사태가 남발하자 정부에서는 1950년 7월 22일 대통령긴급명령 제8호로 비상 시 경찰관특별징계령이라는 경찰관의 징계에 관한 특별규정을 두었다. 이 규정에 따라 감찰업무가 강화되었다고는 하지만 국민으로부터 경찰은 비난의 대상이 되지 않을 수 없었다. 한국전쟁기에 경찰관의 징계건수는 전체 정원의 약

---

67) 경향신문 1953년 7월 13일.

44

20%를 상회하는 높은 수준이었다. 아래 표에서 보이듯이 1951년의 경찰징계
는 16,680건으로 경찰관 4명중 1명이 징계를 당한 것에서 보이듯이 경찰관
의 비위는 심각한 문제였다.

〈표 3〉〈경찰정원과 징계건수(1951-1953)〉

구 분	1951년	1952년	1953년
경찰정원	63,427명	63,427명	50,731명
징계건수	16,680명	13,408명	13,908명
징계비율	26%	21%	27%

출처: 內務部 治安局 編, 앞의 책, 1972, 252쪽.

전쟁발발 전까지 경찰관에 대한 비위적발 단속과 감찰을 위해 기구를 정
비하려는 노력이 있었다. 1949년 9월 치안국 경무과 경무계 내에 감찰반을
두었고 이후 감찰업무의 증가로 같은 해 10월 28일 경무과 감찰계로 확대하
고 각 시도 경찰국 경무과에도 감찰계를 신설하여 감찰활동을 하도록 하였
다. 그러나 이 시기에는 적발 징계주의보다는 지도계몽에 치중하여 사건의
방지에 노력하는 편이었다.[68]

전쟁기간에는 경찰의 부역자 처리, 수복지구에서의 불법적 적산가옥 취득
등에 대해 국민들의 불안과 불만이 높았으며, 1951년 12월 과거의 기부통제
법을 더욱 강화한 기부금품 모집행위 금지법이 통과되었음에도 불구하고 전
쟁 전부터의 기부금 징수행위가 여전했다.

기부통제법은 1949년 10월 공포되었으나 1951년 4월 제10회 임시국회 국
정감사 보고에서 '경찰원호회비, 소방단비, 국군모병비, 여순 전사자 조의금,
후생협회비, 8·15독립축하비 등 무려 28종에 달하는 각종 기부금과 잡종금

68) 內務部 治安局 編, 위의 책, 1972, 251쪽.

으로 인해 일반 민심이 이반되어 간다'는 사실의 지적에서도 볼 수 있듯이
전쟁 중에도 기부금 징수가 계속되고 있었다.[69] 1949년 11월 24일부로 공포
된 기부통제법 및 12월 3일부 동 시행령, 동 26일자 동 시행세칙의 각각 공
포로 기부금 및 의연금품 모집을 단속하였으나, 기부금 모집행위는 계속 되
고 있었다. 이미 전쟁 전에 내무부 장관 백성욱은 각 도지사와 경찰국장 앞
으로 공문을 보내 ① 민보단을 비롯한 각 청년단비·군경후원회비·소방대
후원회비 등 명목으로 각 호에 고지서를 발부 징수하는 것, ② 관공서·청
년단체 및 각 사회단체에서 흥행관람권을 발매하고 혹은 불량상품을 각 호
에 할당 강매하는 것 등을 단속하라고 시달하기도 하였다.[70]

　기부금 징수가 정부의 금지에도 불구하고 계속되었던 것은 당시 치안본국
과 각 지방경찰국 사이에 제반 수당의 배당비율이 35:65이고 지방경찰국과
일선서의 비율은 40:40으로서, 특히 소모품비의 경우 말단지서에 배당되는
경우가 거의 없었다고 하며, 또 이른바 의용경찰이라고 하여 각 경찰서에서
단독으로 청·장년을 동원하여 운용했는데 이러한 경비를 기부금에서 충당
할 수밖에 없었던 것이다.[71]

　당시 기부금에 대해 조사를 한 것을 보면, 신중목 농림부장관의 보고서에
따르면 총 56종의 각종 부과금이 호당 한달에 최고 1천 1백 9환 77전에서
최저 12환 25전이라고 한다. 이 조사보고서는 7월 한 달 동안 농림부가 특
별훈련시킨 대학생들을 동원하여 직접 조사한 것이라고 밝혀져 있다. 조사된
부과금 종류와 액수는 조사원이 직접 영수증을 확인할 수 있는 것만을 모아
통계낸 것임도 분명히 했다. 도별 호당 월평균 잡부금은 전남 496환, 전북
492환, 경남 411환, 충남 383환, 충북 204환, 경기 172환, 강원 152환, 경북

---

69) 국회사무처 자료 편찬과, 『국회사: 제헌국회, 제2대 국회, 제3대 국회
　　』 국회사무처, 1971, 218-219, 465쪽.
70) 동방신문 1950년 6월 10일.
71) 국회사무처 자료 편찬과, 앞의 책, 1971, 467쪽.

121환으로 전국 호당 평균은 311환 25전이었다.[72) 따라서 전쟁 중임에도 농민들은 각종 기부금에 시달려야 했던 것이다.

---

72) 釜山日報社 企劃研究室 編, 『(秘話)臨時首都千日』上, 釜山日報社, 1984, 509쪽.

제2절 전시통제와 신분증

한국전쟁 전부터 시행되고 있던 국민반제도는 전쟁이 발발하면서 점차 동회의 하부조직으로서 행정적 기능도 담당하는 등 그 역할이 증대되어갔다. 즉 전쟁 중이던 1952년 11월 6일 서울특별시장이 각 구청장에게 하달한 국민반에 관한 사항을 보면, 당시의 중요시책이었던 양곡확보·동원·납세 및 국채소화(國債消化)·기타 제반 전시사무로서 구(區)에 부가된 책임이 가중되고 있으며, 하부 보조기관인 동회에 부가된 책임 역시 한층 많아졌다. 이후 1953년 8월 환도선포 이후 시정의 질서가 잡히면서 서울의 재건복구에 있어 국민반의 지속적인 운영이 필요하게 됨에 따라 이를 강조하고자 새로이 정식으로 국민반 운영규칙이 제정되어 공포·실시되었다.

또한 전쟁 중 국민통제장치의 일환으로 각 시·도 규칙에 근거해 경찰서에서 도민증과 시민증을 발급하였다. 도시사람들에게는 시민증, 시에 살지 않는 사람들은 각 도에서 발행한 도민증을 지니고 다녀야 했다. 시민증이나 도민증은 본적, 출생지, 주소는 물론 직업, 신장, 체중, 특징, 언어, 혈액형 등까지 적게 되어 있어 사실상 '신상명세서'나 다름이 없었다. 특히 도민증이나 시민증은 '공산당이 아님을 증명하는 딱지'로서 중요한 것이었다.

도민증과 시민증을 발급받기 위해서는 통반장의 증명을 얻은 후 관할파출소 또는 동회에 파견된 경찰관의 심사를 받아야했다. 파견경찰관이 신청자의 사상이 불순하다고 인정하거나 또는 3인 이상의 연서로 구체적 진정이 있을 때에는 시민증이나 도민증의 교부를 보류할 수 있게 규정하여 국민들에 대한 사상통제를 강화하였다.

1951년 서울 시민증을 갱신하기 위한 조사내용을 보면 다음과 같다.[73]

---

73) 경향신문 1951년 10월 3일

① 대한민국 국민으로서 서울특별시에 거주하는 만 14세(단기 4270년 12월 31일)이상의 남녀.

② 시민증의 갱신발급은 동회단위로 당회 동사무소에서 취급한다.

③ 시민증의 갱신교부를 받고저 하는 당지시민증 발급신청서에 신청자의 상반신 소형사진 2매를 첨부하여 통반장의 증명을 얻은 후 관할파출소 또는 동 회에 파견된 경찰관의 심사를 받아야한다.

④ 피난지에서 복귀하는 자는 도착 즉일로 동회사무소에 출두하여 전호의 수속을 하여야한다.

⑤ 시민증 갱신발급에 있어 파견경찰관이 신청자의 사상이 불순하다고 인정하거나 또는 3인 이상의 연서로 구체적진정이 있을 때에는 시민증 교부를 보류할 수 있다.

⑥ 시민증갱신 발급기간은 다음과 같다. 단기 4284년 10월 7일부터 단기 4284년 10월 26일까지 20일간.

⑦ 지정기간에 갱신교부를 받지 못한 구시민증은 무효로 한다. 피난지에서 서울에 복귀한 시민의 구시민증은 서울에 복귀할 때까지 그대로 유효한다.

⑧ 신규로 시민증을 교부하여야 할 경우에는 제일차 내직 제6항을 준용한다.

이상에서와 같이 한국전쟁 중 이승만 정권은 경찰기구를 동원하여 국민에 대한 통제와 감시를 강화하였다. 이 시기 경찰은 정치적 반대를 통제하고 국민을 정치적으로 동원하는 기능을 수행하였으며 일선 행정기관에 대한 통제력을 확보하는 수단이 되기도 하였다.[74]

---

74) 국회사무처, 『국회속기록』 제22회, 제62호, 12쪽.

제3절 전시통제와 경찰의 군사화

국민통제의 중요한 기구 가운데 하나였던 경찰은 정부수립후부터 한국전쟁에 이르기까지 준군사화, 군사화되는 성향을 보이고 있다. 정부수립 후 경찰은 38선 경비와 유격대 토벌활동 등을 통해 살펴보았을 때 이미 전쟁 이전부터 적어도 대비정규전 면에서 계속적인 실전의 상황이었다고 볼 수 있다. 또한 1950년 6월 한국전쟁의 발발 초기 경찰의 활동은 전투활동에 집중될 수밖에 없었다. 이같이 준군사적·군사적 성향을 지니게 된 경찰은 국민통제에 있어 가장 효율적인 수단이 되었다.

정부 수립 후 경찰의 주요한 역할은 경찰은 38선 경비와 신생정부의 존립을 위협하는 유격대를 토벌하는 것이었다. 이를 위한 경찰의 전투는 당시 상황에서 특수한 임무로 받아들여졌다. 1948년 말부터 1950년 3월까지 유격대 토벌이 이루어졌으며, 1949년 여름부터는 38선 충돌이 격화되고 있었다.

정부 수립 후 경찰의 중요임무 가운데 하나가 유격대 토벌이었다. 한국전쟁 이전 유격대 활동은 갓 설립된 남한 단독정부의 실질적인 존립의 위협요소로 대두되었다. 이에 대해 경찰은 소위 '치안의 실지 완전회복'을 위한 유격대 토벌작전을 군경합동으로 전개하였다.

1949년 3월 10일 현재 경찰의 숫자는 49,250명이었다. 개편 확대된 경찰의 이 시기 주요임무는 당시 신생정부의 존립을 위협하는 유격대의 투쟁을 봉쇄하는 것이었는데, 이 과정에서 경찰은 미군정기의 군사적 성격을 더욱 강화하였다. 경찰은 이미 여순사건의 발발과 더불어 1948년 10월 20일 치안국에 비상경비총사령부를 설치하고, 1949년 8월 1일에는 각도 경찰국에도 비상경비사령부를 두었다. 치안국 비상경비총사령부는 치안국장을 총사령관으로 하여 치안국 기구를 전투편제로 전환, 행정·정보·작전·통신의 4개 참모부서를 두었으며, 각도 비상경비사령부도 이에 따르도록 하였다. 예컨대 강원도 경찰국은 강원도 비상경비사령부를 설치하고 보안과 내에 경비계를 신설하였으며 사령관에는 경찰국장, 작전참모에 보안과장이 임명되었다.

이 시기 유격대 토벌은 호남 및 지리산일대, 경북일대 및 태백산지구, 오대산 방면, 제주도 방면 등에서 전개되었다. 경찰에서는 호남 및 지리산일대의 유격대 토벌을 위해 1949년 3월 1일 지리산지구전투사령부를 설치하였고[75], 경북일대 및 태백산지구에서는 1949년 9월 28일 태백산지구전투사령부를 설치하였다. 전자에는 崔致煥, 후자에는 權五喆 總警을 각각 사령관으로 임명하였다.

1949년 4월에는 보안과 내에 철도경찰본대를 두고 주요 철도역에 철도경비대를 두도록 하여 철도치안의 확보를 도모하고 철로 인근의 유격대 토벌을 담당하도록 하였다.[76] 1949년 9월 2일에는 강원경찰국에 특별기동대를 조직, 1개중대편제로 춘천사범학교를 빌어 훈련을 실시하였다. 1950년 4월 15일에는 경찰조직을 일층 강화하기 위해 간부 24명을 육군보병학교에 입교 수업케 하고, 1개 대대 496명씩 제8, 9대대 2개 대대를 편성, 보병학교졸업 간부 24명을 중추로 1950년 4월 20일 전투경찰대로 발족시켜 제8대대는 영월에 위치하고 제9대대는 춘천에 배치하였다.

---

75) 7월 3일 전라남도 경찰국장 金相鳳은 이른바 7월 공세, 9월 공세설에 대해 다음과 같은 대처방안을 밝히고 있다. 첫째, 작전상의 필요에 의하여 내일까지를 기한으로 유격대들이 출동하고 있는 각 산간부락을 소개 중에 있다. 둘째, 소방대원 의용소방대원들의 조직을 강화하는 한편 그들이 질적 향상을 목표로 대원의 신분을 조사한 다음 유격대와의 연락을 차단하기 위하여 도내 수개 처에 38선에서 실시중인 것과 같은 교통차단을 단행하겠다. 셋째, 도피자의 명부를 작성하였으며 각 가족의 사진을 전부 넣도록 하겠다. 넷째, 전 경찰국원을 수개 小隊로 나누어 遊擊隊를 편성할 것인데 이 구성원들은 無電査察, 수사 등 모든 일을 그 소대에서 담당할 수 있는 인물로 선발 될 것이다. 《國立警察 五十年史》, 警友獎學會, 1995, 111쪽.
76) 內務部 治安局 編, 앞의 책, 1972, 205-206쪽.

1950년에는 종래 군과 함께 수행해온 유격대 토벌작전을 경찰이 전담하도록 하기 위해 22개 전투경찰대대로 구성된 총 1만 명 규모의 전투경찰 편성을 계획하였으나, 자금과 장비의 부족으로 실제 실행되지 못하고 전쟁 발발 이전까지 2개 전경대대만 추가로 창설하는데 그쳤던 것이다.77)

이러한 유격대 토벌 등을 위한 경찰수요를 충족시키기 위해 경찰 병력도 대폭 증강되었다. 당초 미군정 초기에 2만 5천 명을 목표로 하던 경찰 병력이 1948연초에 3월 3만 6천여 명78), 1949년 3월에는 4만 5천 명이었다가, 1950년에는 5만 명 가까이 되었다.

당시 경찰의 유격대 토벌은 지리산지구전투경찰대, 태백산지구전투경찰대, 철도경찰대 등을 중심으로 군대와 합동작전을 벌이면서 유격대가 활동하는 각 지역에서 전개되었다. 전라남도의 경우를 보면 金炳玩 제8관구 경찰청장이 전남 각지의 전과를 발표하고79), 강원도 경찰국, 태백산공비 토벌작전 종합 결과를 발표80)하는 등 각 관구별 혹은 경찰서별로 유격대 토벌을 하고

---

77) 內務部 治安局 編, 위의 책, 1972, 133쪽.
78) 1948년 12월 31일까지 철군하는 것을 전제로 한 1948년 4월 2일에 결정된 NSC 8에서는 군원 대상으로서의 한국군 규모에 대해 현지 정보를 통한 상황 평가에서 경비대 2만 4천, 해안경비대 3천, 경찰 3만 등 총 5만 7천 명으로 한국의 무장력을 파악하고 있다. NSC 8(1948. 4. 2), FRUS, Vol. Ⅵ, p.1168.; 게릴라 침투와 여순 사건 등 남한 내 치안불안으로 인해 철군 일자의 연기를 골자로 하여 만들어진 NSC 8·2에서는 남한의 군사력을 육군 6만 5천, 경찰 3만 5천, 해안경비대 4천 명 등 총 10만 4천 명으로 규정하고 있다. 여기서 육군 6만 5천 명 중 5만 명만이 충분한 무장을 갖추었다고 파악하고 있고 경찰과 해안경비대의 2분의 1만이 미군 소총, 카빈총으로 무장하고 있으며, 나머지는 일제 무기로 무장하고 있고 기관총은 절대 부족한 것으로 나타나고 있다. NSC 8·2(1949. 3. 22), FRUS, Vol. Ⅶ, p.978.
79) 〈호남신문〉 1949년 2월 19일.
80) 강원도 경찰국에서는 1949년 6월 1일부터 8일까지 7일간 태백산공비 토

있다. 이 과정에서 경찰의 활약상을 과시하기 위한 과장된 통계수치도 많았던 것으로 보인다.

이러한 유격대 토벌로 인근 주민들은 혹독한 시련을 겪어야 했다. 예를 들면 유격대가 빈번히 출몰하였던 전남의 경우 유격대 토벌작전 때문에 소개된 도민수가 18만여 명에 이르고 있다.[81]

이 시기 경찰의 지리산지구 유격대 토벌은 1949년 10월 1일부터 1950년 2월 2일까지 모두 3단계의 작전계획에 의해 이루어졌다.[82]

제1단계는 1949년 10월 1일에서 10월 31일까지로 치안공작기였다. 이 단계의 전술기준은 준비태세완비에 있었기 때문에 정보망 구성, 계몽선전 공작, 민간정보망 구성, 국민조직 강화와 전력화, 匪民분리 철저, 귀순공작, 양도차단 조치 등 작전수행에 필요한 모든 준비태세를 완비하였다.

제2단계는 1949년 11월 1일에서 1949년 12월 15일까지로 治標工作期였다. 이 단계의 전술기준은 철저한 섬멸작전에 있었기 때문에 외곽을 포위하고 각 지구에 대한 수색공작을 펴고 경찰의 이동유격대 편조에 의한 추격 및 군·경·민의 합동작전을 펴는 등 경찰대의 모든 전력을 총동원하여 섬멸작전에 임했다. 또한 대민중지도 목표로 양곡은닉을 철저히 단속하고 외곽 정찰에 임하도록 했다. 이러한 작전은 1950년 1월 31일까지 계속되어 인민군 유격대의 주력부대 대부분이 토벌됐다.

제3단계는 1950년 2월 1일부터 2월 28일까지로서 肅淸建設工作期였다. 이 단계의 전술목표는 잔존 유격대에 대한 토벌이었기 때문에 대내적으로는 3대 작전목표를 철저히 수행하고 경찰관의 정신 무장을 강화하고 무능력한 자에

벌작전에 종합 전과를 발표하였다. 〈강원신문〉 1949년 6월 12일.
81) 유격대 토벌작전으로 소개한 전남도내 농민의 수가 1949년 10월 25일 현재로 18만 2,852명(3만 3,646호)이나 된다. 전남도 당국에서 조사한 바에 의하면 그중 복귀 가능인원은 6만 5,289명(1만 2,151호)으로 추산된다. 〈호남신문〉 1949년 11월 11일.
82) 內務部 治安局, 앞의 책, 興國硏究協會, 1952, 42-45쪽.

대한 숙청을 단행하였으며, 대외적으로는 민중조직을 강화할 정치공작을 실시하고 이 민중조직을 이용하여 잔존 유격대적발을 실시했으며 재건작업에 착수했다.

한국경찰의 유격대 토벌작전에 의한 지리산 전투지구내의 전과는 1950년 3월 30일까지 유격대 사살 365명, 부상 31명, 포로 187명, 귀순 4964명 등이었다. 당시 지리산 지구전투경찰대 총지휘관이던 최치환에 의하면 1950년 2월 현재 경찰의 단독전과는(1949년 10월 1일－1950년 2월 5일) 유격대원 사살 283명, 포로 146명, 귀순자(자수자 포함) 4,679명이며, 피해는 경찰관 순직 15명, 부상 24명 등이라고 하였다.[83]

이 시기 군경합동작전으로 유격대 토벌을 한 결과 대부분이 궤멸되어서 남한 전체로 보아 1950년 6월 24일 현재 불과 270명이 남아있을 뿐이라고 경찰 측은 기록하고 있다.[84]

남한 내의 각 유격지구에서 전개되었던 유격대 활동을 군경의 토벌작전으로 한국전쟁 직전까지 거의 소멸시켰지만 그 과정에서 많은 대가를 지불했다. 정규군과 비정규군을 계속 유지하면서 유격대 진압을 위해 치루었던 비용은 1949년 12월에 2천 2백만 달러나 되는 공채를 발행하지 않을 수 없게 만들었다. 이승만 정권은 약 7천만 달러에 달하는 재정적자를 기록하고 있었는데 국회가 이에 대한 세밀한 조사에 착수하려 하자 이승만 정권은 책임을 회피하기 위하여 그 액수의 절반에 해당하는 금액을 자진헌납으로 메꾸려했다.[85] 당시 재정문제는 계속 악화되어 이승만 정부가 긴축재정을 유지하기 위해 전투경찰대를 창설하여 인민유격대 토벌임무를 맡기려던 계획을 연기할 수밖에 없을 정도였다.

---

83) 자유민보 1950년 2월 12일.

84) 戰史編纂委員會 編, 《韓國戰爭史 제1권: 解放과 建軍》, 국방부, 1968, 505쪽; 劉官鍾, 《韓國警察戰史》, 1982, 第一加除法令出版社, 23쪽.

85) FRUS Vol. Ⅶ, January 18, 1950.

이상에서와 같이 정부수립 후 경찰의 38선 경비와 유격대 토벌활동 등을 통해 살펴보았을 때 이미 전쟁 이전부터 적어도 대비정규전 면에서 계속적인 실전의 상황이었다고 볼 수 있다.

1950년 6월 한국전쟁의 발발에 따라 경찰의 활동이 가장 집중된 것은 전투활동 이었다. 직접 전선을 담당했던 기간은 1년에 채 못 미쳤으나 그 이후에도 경찰은 후방지역, 예컨대 지리산·태백산지구 등에서 유격대를 토벌하는 등 군사적 활동이 주를 이루었다. 특히 수복 이후 치안국 비상경비총사령부에서는 전국 경찰력을 동원하여 3차에 걸친 대대적인 토벌작전을 전개하였다.[86]

한국전쟁 초기 경찰은 6월 29일부터 7월 15일에 걸쳐 비상경비사령부에 의해 재편성되어 연합군 진주 시까지의 시간을 얻기 위한 군의 지연작전에 가담하였다. 비상경비총사령부에서는 영동, 김천 간의 추풍령을 제1방어선으로, 영동, 무풍 간의 민주지산 삼도봉을 제2방어선으로 그리고 운봉, 함양 간의 율치를 제3방어선으로 선정하여 북한군의 공격에 대비했다.

이후 전선이 낙동강으로 남하함에 따라 「대구방어전」에 참가하였다. 당시 전세가 위급하게 되자 대전에서 대구로 이전하였던 육군본부는 7월 24일 제2사단을 해체하는 동시에 육본 직할대로 대구 방위사령부를 창설하고 사령관에 李翰林 대령을 임명하였으나 실질적으로 병력은 없었으며, 대구 방어를 위해서 각 도에서 집결한 경찰력과 청년방위대, 그리고 일부 후방 부대의 병력으로 방위 계획을 세워야 했다.

경찰의 낙동강 전선 참여는 새로 임명된 조병옥 내무부장관의 지휘 아래 이루어졌다. 조병옥은 경찰을 유엔군의 각 대대와 중대에 배속시켜 통역업무와 오열색출, 탄약집적소 경비 등의 업무를 수행할 수 있도록 제8군사령관에게 요청하였다. 워커 사령관도 유격대에 대비할 필요가 있다고 판단하여 미

---

86) 박범래 1988, 『한국경찰사』, 용인대학, 1988, 210 - 212쪽.

국방부에 승인을 얻어 유엔군부대에 경찰을 배속을 수락하였다.[87]

이에 따라 이 시기 경찰은 다음과 같은 그 임무를 수행하였다.

첫째, 직접 전투에 임한 요원은 군대 경험보유자와 전투경험이 풍부한 자 및 대공전투의식이 강한 정예경찰관으로 선발, 이들로 독립전투대 원을 편성하여 전투를 담당한 유엔군 및 국군에 배속하거나 전략 거점과 중요시설을 경비케 하였다. 이 결과 대구지구에는 제1대대 (경기경찰)와 제2대대(혼성경찰)가, 팔공산지구에는 제5대대(경기경 찰)가, 현풍지구에는 제3대대(경기경찰)가, 고령지구에는 제6대대 (충남경찰)와 제7대대(서울경찰)가 배치되어 전투에 본격적으로 참 여하였다.

둘째, 전투요원으로서의 자질이 부족한 일반경찰관 등은 철수한 각 시, 도, 경찰국장 지휘하에 각 경찰서 단위로 부대를 편성하여 방위상 필요한 지역에 고정 배치하였다.

이 기간 동안 경찰의 군사작전은 군대와 유사한 수준이었으며, 실제 그해 8월 8일에는 미8군사령부와 육군본부 등이 철수한 뒤의 대구지역 방어를 맡 았으며, 8월 18일 정부가 부산으로 이동한 뒤에도 치안국은 대구를 방어하 기 위해 낙동강 전선에서 방어작전을 수행하였다.[88]

한편 1950년 9월 15일 인천상륙작전의 성공과 국군의 반격작전으로 전황 이 변화하면서 경찰의 군사작전도 그 성격과 차원이 점차 변화하였다. 반격 작전과 더불어 경찰은 수복작전으로 전환하여 9월 20일에는 영일서가 첫 번 째로 수복되고, 23일에 칠곡, 의성 경찰이 복귀하였다. 24일에는 경인지구

---

87) 警察廳, 앞의 책, 1995, 127쪽.
88) 內務部 治安局 編, 앞의 책, 1972, 239쪽.

치안확보를 위해 파견할 선발대(치안국 116명, 서울시경 809명, 경기도경 1057명)가 편성되어 다음날 대구를 출발하였다. 비상경비총사령부는 경인지구의 치안확보를 위하여 치안국 정보수사과장 선우종원 경무관으로 하여금 경찰선발대를 편성케 한 다음 25일 대구를 출발하여 김억순 경감 책임 아래 10월 1일 인천에 상륙토록 하여 경인지구를 수복케 하였다. 뒤이어 치안국의 일부도 10월 4일 서울에 진입하였다. 이를 전후하여 각 시 도 경찰국도 각각 수복을 하였다. 각 시·도경찰국 수복상황을 보면 9월 30일에 충남, 10월 1일에 서울·경기·충북·전북과 철도경찰대 본대가, 10월 3일에 전남, 10월 4일에 강원 경찰이 각각 완전히 수복되었다.[89]

국군이 북한진격을 감행하자 치안국 비상경비총사령부에서는 경찰대의 실지(失地) 진주계획을 수립하였다. 이때 조병옥 내무부장관은 38선 이북의 북한 수복지역에 대한 치안확보에 대비하여 치안국장 김태선 이사관에게 북한진주경찰대를 다음과 같이 편성하도록 하였다.

강원도 북부지구 --- 강원경찰국 병력
황　　해　　도 --- 제201전투대대
평　안　남　도 --- 제202, 제203전투대대
함　경　남　도 --- 제205전투대대

38선 이북 강원도에 강원경찰 일부를, 황해도에 제201대대, 평안남도에 제202 및 203대대를, 함경남도에 제205대대를 각각 편성하여 진주케 하려고 하였다. 그러나 10월 말에 중공군이 개입함으로써 이 계획은 실천되지 못하였고, 편성된 201 및 202대대는 철도경비대대로, 203 및 205대대는 지리산지구전투경찰대로 각각 개편되어 임무를 담당하였다.

---

89) 內務部 治安局 編, 앞의 책, 1972, 212쪽.

1950년 10월경 중공군의 개입으로 전선이 다시 남하하게 되고 그 후 전선이 38선 부근에서 고착되면서 후방에 있는 유격대 토벌문제는 경찰 최고의 관심사가 되었다.

유격대의 토벌을 위해 비상경비총사령부는 유엔군 및 국군의 작전상 절대적인 치안확보를 목적으로 각 시도 경찰국장과 전투경찰사령관에 다음과 같은 내용의 치안명령을 하달하였다.

① 전국경찰의 완전무장화는 물론 강력한 중화기훈련과 병행한 전투교육을 반복하여 실시할 것
② 전선지역에서는 현지 군당국과의 철저한 협동작전을 감행할 것
③ 철도시설, 열차호송, M.S.R 및 항만경비에 완벽을 기할 것
④ 작전중인 전투경찰부대는 후방지역 치안확보와 노무동원에 철저를 기할 것
⑤ 민간인 철수작전에 현지 계엄민사부와의 긴밀한 협동과 민간인소개, 구호에 철저를 기할 것
⑥ 관할지역 내의 무장유격대를 조속하고도 철저하게 격멸할 것
⑦ 유격대 섬멸작전 특별기간을 설정하여 전국에서 일제히 작전을 개시할 것(제1차 기간: 1951. 3. 1-1951. 4. 10, 제2차 기간: 1951. 4. 15-1951. 5. 25, 제3차 기간: 1951. 7. 15-1951. 8. 15)
⑧ 영농보호작전의 철저로 유격대의 양곡침탈을 봉쇄할 것
⑨ 산업주요시설의 안전지대 소개로 산업보호를 철저히 할 것
⑩ 후방치안확보를 위하여 심리전, 사상전, 경제전, 무력전을 다양성 있게 전개할 것
⑪ 공산계열, 용공분자 및 유격대에 대한 자수, 귀순공작을 철저히 할 것
⑫ 기타 치안상 필요한 경찰활동을 강화할 것 등이다.[90]

이 같은 전술조치와 함께 유엔군 사령부에서는 경찰에 현역 고급장교로 구성된 군사고문관을 전투경찰과 각 시도 경찰국에 상임 배치하여 전술책임구역 내에서 조직적이고 강력한 유격대 소탕은 물론 군경협동체제의 확립을 도모하였다.

비상경비총사령부는 정부의 훈령을 근거로 하여 전투임무만 수행하는 전투경찰사령부를 창설하여, 군과 같은 방법으로 전술책임지역내의 일반경찰도 작전상 지휘할 수 있게 함으로써, 강력한 유격대 소탕작전을 전개할 수 있었다. 즉 경찰은 1950년 12월 16일 제200 및 207대대로 「태백산지구전투경찰대」를, 제203 및 제205대대로 「지리산지구전투경찰대」[91]를 편성하여 그 사령부를 영주와 남원에 각각 설치하였다. 태전사(太戰司 태백산지구전투경찰사령부의 약칭)는 1951년 1월 중순 청송까지 침투한 북한군 제10사단을 국군과 더불어 격퇴하였고, 묵계, 길안, 황학산 전투에서 큰 전과를 올렸다. 지전사(地戰司·지리산지구전투경찰사령부의 약칭)관 내의 군작전은 제11사단이 담당하였다. 경찰은 주로 군과 합동작전을 전개했지만 독자적 전투로서는 1951년 4월의 황매산, 장안산 전투를 들 수 있다.

서울 경기 강원도 경찰은 1951년의 소위 1·4후퇴 때에 피난민을 호송하면서 철수하였다가, 3월 15일의 제2차 서울수복 시까지 32개 대대로 편성되어 군 주요보급로 경비와 유격대 토벌작전에 임하였다. 그리고 1951년 5월 1일에는 그동안 철도경비를 맡았던 201 및 202대대로 철도기동대 사령부를 창설하여 철도연변 유격대 진압과 열차 보호, 철도경비 등 특수임무를 수행

90) 警友裝學會 編, 『國立警察 五十年史』, 警友裝學會, 1995, 153쪽.
91) 한국전쟁 발발 후에 결성된 지리산지구전투경찰대에 관해서는 윤진혁, 지리산의 전투경찰대, 신동아, 1975년 7월; 박성환, 지리산 공비토벌 작전 전모, 세대, 1966년 2월. 윤진혁은 지리산지구 전투경찰대로 재편된 203대대(이전의 평남경찰대)소속 정차관으로 지리산 지구 전투에 참가했다.

케 하였다.

〈표 4〉〈한국전쟁기 전투경찰사령부 조직〉

사령부명 / 구 분	cp	사령관명	기간부대	주력규모	전술책임 지역
태백산지구 전투경찰사령부 (1950. 12. 16 조직)	영주	警務官 尹明運	200부대, 207부대	여단	경북, 강원남부, 충북동부
지리산지구 전투경찰사령부 (1950. 12. 16 조직)	남원	警務官 宋丙燮	205부대	여단	전북, 전남, 경남, 서부
운문산지구 전투경찰사령부 (1951. 1. 30 조직)	청도	警務官 韓景錄	경기전투부대 서울전투부대	여단	청도, 울산, 양산, 밀양
철도기동부대사령부(1951년 5. 1. 조직)	대구	總警 玄元德	201대대 202대대 206대대 208대대 209대대	연대 (독립대대)	경부선, 중앙선, 전라선

출처: 경찰청. 警察五十年史. 1995. 157쪽.

경찰은 병력의 상당부분을 유격대 토벌작전에 투입하여 1951년 3월에는 3단계에 걸친 유격대 토벌작전을 시행하였으며, 그해 12월 1일부터 한동안은 군이 중심이 되어 남원에 야전전투사령부를 설치하여 지리산지구를 중심으로 유격대토벌작전을 시행하였다.[92] 제1단계는 1951년 3월 1일부터 4월 10일까지 그동안 치안력의 미흡으로 대한민국의 행정력을 수복하지 못한 지역의 완전 수복과 그 지역의 유격대 토벌을 완수하는데 작전의 주목표를 세워 시행하였다. 이 시기 경찰의 작전방침은 제1단계로 인민군 제10사단을 공격하고, 제2단계로 제1, 3지대 등 유격대의 진압, 제3단계는 제1, 2단계에 분산

---

[92] 內務部 治安局, 앞의 책, 1952, 191쪽.

된 인민군과 지방 유격대를 진압하는 것이었다. 이에 따라 尹明運 경무관은 작전참모 孫繼天 경감으로 하여금 對敵措置를 취하게 하는 동시에 주력부대인 高尙遠 총경이 지휘하는 200부대, 文鶴東 총경이 지휘하는 207부대, 辛相黙 총경이 지휘하는 경북 전투부대와 지방경찰부대 및 주보급로를 경비 중인 李丁錫 경감이 지휘하는 서울 제106대대 등 경찰 전투부대로 릴레이식 추격전을 전개하였다. 이 기간 경찰은 총 54,206명의 유격대를 사살 또는 생포하거나 귀순시켰으며 각종 화기 8,475점을 노획하였다.

제2단계 유격대 토벌작전은 1951년 4월 15일부터 5월 25일까지로 설정하였다. 특히 이 기간 중 경찰은 대대적인 귀순작전을 벌이는 한편 유격대의 보급로를 완전 봉쇄하여 민간인과 유격대를 분리하는 작전을 폈다. 이 기간 경찰은 총 8,670명을 사살·생포 또는 귀순시키고, 916점의 각종 총포를 노획하였다.

제3단계 유격대 토벌작전은 1951년 7월 15일부터 8월 15일까지 전개되었다. 이 기간에는 정전회담이 개최되는 시기로 공군의 지원작전을 받으면서 유격대 토벌을 수행했다. 이 시간 경찰은 총 4,260명의 유격대를 소탕하고, 1,520점의 총포를 노획하였다.

한편 군당국에서는 특히 지리산지구의 유격대 소탕을 위해 백야전 전투사령부를 1951년 11월에 창설하고 12월 1일 이 지역에 비상계엄령을 선포하고 동계 섬멸작전을 개시하였다.

한편 정부에서는 유격대 토벌작전을 분석한 끝에 일시적 투망식 작전으로는 완전섬멸을 기할 수 없다고 판단하였다. 그리하여 전투경찰의 기본조직을 혁신하여 보다 조직적이고 유기적인 부대운용을 할 수 있는 기구를 구상하게 되었다. 그 결과 1953년 5월 1일 서남지구전투사령부를 남원에 설치하고 새로운 토벌전을 개시하였다. 서남지구전투사령부는 전남·북 일원과 경남 지역의 13개 시·군(1시 12개 군)의 경찰행정과

지역 내 전투임무 일체를 관장하였다.[93]

치안국 비상경비총사령부 산하의 전투경찰사령부가 중심이 되어 전개한 유격대 토벌작전은 1953년 1월에 다시 시작되어 한국전쟁이 종료되는 1953년 12월까지 계속되었으며, 그 상황은 아래 <표 5>와 같다.

〈표 5〉〈전투경찰사령부의 유격대토벌 성과와 피해상황
(1953. 1-1953. 12)〉

道別\項目	교전회수	전과					피해									
		공비			무기		경찰관				무기		민간인			
		사살	포로	귀순	소총	중화기	전사	부상	납치	실종	소총	중화기	전사	부상	납치	실종
서울			6													
경기	7	5	11		7	1										
강원	54	39	29	10	74		4	2			1		3	9		
충북	38	25	6	2	43	1	1	1			2		1	1		
충남	1		3		2											
경북	87	39	49	3	158	8	6	1	1		6		6	4		
경남	158	151	27	8	183	2	34	26	2	22	72	1	14	16	3	1
전북	336	241	97	45	317	7	43	33	1	5	51	1	31	16	2	1
전남	322	396	131	30	301	11	53	77	1		101		7	4		1
서남	456	260	42	27	362	10	66	52	2	2	223	8	69	41	5	
제주	28	28	8	6	39	1	2	1			4		4	2		
철도	2	6														
총계	1489	1190	409	131	1488	41	209	194	7	29	460	10	135	103	10	3

출처: 경찰청. 앞의 책. 1995. 155쪽.

---

93) 內務部 治安局 編, 앞의 책, 1972, 213-214쪽.

또한 군에서도 1953년 12월 1일을 기하여 남부지구, 중부지구, 북부지구 전투사령부를 설치하여 대대적인 소탕전을 계속함으로써 유격대들은 소멸일로를 걷게 되었다.

1955년 6월 1일 서남지구전투경찰대는 유격대토벌을 끝맺었으며, 7월 1일에는 서남지구전투경찰대의 해대식을 거행하였다.[94] 서남지구전투경찰대가 해체된 후 지리산 외곽지대에 잠재 혹은 준동중인 유격대의 재집결의 우려와, 계속 남하하는 대남공작대 등의 최남단 근거지로 이용될 가능성 때문에 1955년 7월 1일부로 시행된 경찰직무응원법 제4조에 의거 경찰기동대가 설치되었다. 기동경찰대의 주둔지역은 전남북 및 경남일원으로서, 유격대토벌과 후방경비를 주 임무로 하였다. 사령부를 전라북도 남원에 두고 서남지구전투경찰대를 해산할 당시 자진잔류를 희망한 대원 510명과 각도로부터 전입된 2,263명으로 사령부 예하 3개 연대를 편성하였다. 제1연대는 남원, 제2연대는 곡성, 제3연대는 부평에 각각 배치하여 그해 7월 1일부로 임무를 개시하였다. 이리하여 본대는 잔존유격대 토벌 및 대남공작대의 지리산지구 침입 방비를 주 임무로 하고, 경찰직무응원법에 규정된 긴급사태 및 돌발사태의 진압 임무를 수행하였다. 그러나 국내 치안상태의 호전에 따라서 경찰기동대도 이듬해인 1955년 6월 7일부로 해체되고 그 병력을 각 시도에 전배조치하였다.

---

94) 조선일보 1955년 5월 12일.

제3장 국민통제와 경찰의 역할

제1절 경찰조직의 강화를 통한 국민통제체제 확립

대한민국 정부 수립 후 경찰은 중앙집권화 된 국가경찰로 조직·운영되었으며, 민주적 통제를 위한 의사소통기구가 결여되었다.[95] 나아가 한국전쟁 기간 동안 경찰은 양적 질적 팽창과 함께 더욱더 강화된 조직으로 성장하게 되었다. 이렇게 강화된 국가기구로 존재하던 경찰은 이승만 정권의 대국민통제에 있어 핵심적인 역할을 수행하였던 것이고, 또한 그러한 이유로 계속적으로 강화되어 나갔던 것이다.

해방 후 미군정은 일제경찰구조와 한국인 경찰관들을 재활용하여 경찰기구를 창설하였다.[96] 중앙집권적으로 조직된 경찰 기구에는 주로 일제경찰과

---

95) 강혜경, 정부수립기 경찰의 형성과 성격(1948-1950), 한국민족운동사연구 41, 2004.

96) 해방후부터 제1공화국 시기의 경찰에 대한 연구 성과를 살펴보면 다음과 같다. 첫째, 경찰측에서 편찬해 낸 자료로서 주로 당시 경찰활동의 사실 기술과 활동일지 또는 경찰의 공적에 관한 기록들이 있다. 내무부 치안국에서 편찬한 『韓國警察史』[1], 『民族의 先鋒』[1], 『警察10年史』[1], 『警察五十年史』[1], 『警察敎育史』[1], 『警察綜合學校50年史 : 1945~1994』[1] 등이 있다. 이러한 자료들은 당연히 친경찰적인 서술을 보여주고 있으나, 1차 자료로서의 가치가 있다. 그러나 서술에서 당시의 시대적 상황에 대한 객관적 역사해석과 총체적 상황인식이 부족하기 때문에 자료 해석상의 문제가 제기된다. 또한 경찰의 업적을 다른 국가기구 특히 군과 비교하여 지나치게 과대하게 평가하려는 통계자료의 문제점도 보이고 있다.

둘째, 경찰행정사 또는 제도사적인 측면에서 분석한 연구가 있다. 玄圭柄의 『韓國警察制度史』[1], 朴東緒의 「警察行政史(1945-1964)」[1], 徐基榮의 『韓國警察行政史−警察行政構造의 變遷과 特質』[1] 등이 있다. 이러한 연구는 대체적으로 경찰조직의 행정사적·제도사적 발전이나

법적인 변천 등에 중점을 두고 있다. 경찰행정현상에 관련되는 역사적 사실들을 경찰행정학적인 이론체계로서 정리하려는 특수사적인 관점에서 바라본 연구라 할 수 있다. 이러한 연구들은 경찰행정의 발전이 시대의 변천과 더불어 어떠한 변천 과정을 밟아왔는지와 변천의 발생근거와 성질을 밝히려는 목적아래 이루어졌다고 보여진다. 따라서 그러한 경찰제도가 나오게 된 정치적 배경이나 사회에 미친 영향 등의 분석은 이루어지고 있지 않다. 현대사의 전체적인 흐름속에서 경찰제도를 이해하는 것이 아니라 경찰의 독자적인 행정사·제도사적 분석을 통해 경찰의 발전적 측면을 서술하고 있다.

셋째, 현대사 연구가 활발하게 이루어지면서 해방이후 분단국가의 형성과정에서 국가기구 가운데 하나인 경찰의 역할을 중심으로 분석한 연구이다. 대표적으로 안진의 『미군정기 억압기구연구』[1]에서는 미군정 국가기구의 재편과 미국의 점령정책의 실행에 있어서 중추적인 기능을 수행한 경찰기구의 재편 과정에 대해 살펴고 있다. 군정경찰은 가장 먼저 재편된 국가 기구로서 건준과 관련하여 활동하고 있던 자생적 권력기구들을 해체시키는데 있어 직접적인 수단이 되었으며, 미군정은 이러한 경찰기구를 재편하는데 있어서도 식민지 경찰기구를 활용하고 있다는 것이다. 이 연구에서는 미군정기 국가형성을 관료, 경찰, 군대 등의 억압기구를 통해 살펴보고 있는 가운데 경찰조직에 대해서도 다루고 있지만 보다 심도깊은 경찰조직에 대한 분석과 미군정기라는 시기적 제한으로 미군정기 경찰권의 이양에 따라 정부수립과 유지에 미친 영향과 성격에 대해서는 다루고 있지 못하다.

서주석은 『한국의 국가체제 형성 과정 : 제1공화국 국가기구와 한국전쟁의 영향』[1]에서 1940-50년대 한국의 국가체제 형성에 관해 살펴보고, 특히 한국전쟁의 영향으로 국가기구가 재형성되어 가는 과정을 집중적으로 분석하고 있다. 이 연구에서도 경찰기구 자체보다는 한국전쟁의 영향으로 강력한 국가기구가 재조직되는 과정과 이승만의 정치권력이 강화되었음을 분석하고 있다. 이 연구에서는 국가형성에 있어 경찰기구의 강화가 중요한 역할을 하였다는 점을 밝혀주고 있지만, 구체적으로 '경찰국가' 체제라 규정될 수 있을 정도의 항상적 준전시 혹은 전시체제아래에서의 경찰의 역할과 국민통제과정 등에 대한 분석이 부족하다.

박찬표는 『한국의 국가형성과 민주주의 : 미군정기 자유민주주의의 초기제도화』[1]에서 미군정하 국가형성과정에서 미국에 의한 자유민주주의의 조기 제도화는 이후 절차적 민주주의를 실천한다는 측면에서의 긍

민족반역자 및 월남 경찰들이 등용되었는데, 미군정이 그들을 재고용한 것은 "인민공화국과 인민위원회 및 여타 좌익조직들을 한국에 있어 미국의 목표 실현에 방해가 되는 위협적 요소로 간주했기 때문에 그것들을 파괴할 수 있는 유일한 세력으로서 경찰에 의존하여야"[97] 했기 때문이다. 이로서 한국경찰은 미 전술부대와 더불어 치안유지와 소요진압의 가장 중요한 기구로 부

정적 효과와 함께 민주주의를 절차적·형식적 수준을 넘어 실질적 수준으로 발전시키는 것을 제약하고 한정지웠다는 부정적 효과를 미쳤다고 한다. 그러나 미군정기에 이루어진 자유민주주의의 이식은 외양적인 것에 불과했을 뿐더러 절차적 민주주의조차도 제대로 이루어지지 못했다고 보여지며, 이는 경찰에 의한 선거개입과 경찰국가체제의 확립 등을 통해 여실히 증명되고 있다.

또한 김일자의 『한국 경찰 성격 연구 : 1945-1960』[1)]에서는 해방 후 한국 정치사의 흐름에 따라 한국경찰의 형성과 전개과정을 기술하고 그 정치적 성격과 위상을 분석하고 있다. 즉 초창기 한국경찰은 정치세력간의 힘 관계를 적극적으로 변화시켜 반이승만세력을 정치권력으로부터 배제시킴으로써 초기 한국국가형성에 능동적 역할을 담당한 조직적·물리적 정치세력이었다. 대한민국 수립이후 전쟁을 거쳐 확립된 자유당 정권하에서 한국경찰은 일방의 정치세력만을 위한 물리력으로 기능함으로써 자유당 정권의 수호자라는 역할을 수행했다는 것이다. 이 연구에서는 한국경찰을 미군정기와 제1공화국 전시기에 걸쳐서 분석하며 경찰의 성격을 억압 도구와 정치적 도구역할을 했다고 보고 있다. 그러나 이 기간내의 경찰의 조직변화 과정과 특히 한국전쟁 전과 후의 경찰의 사회적 역할 변화 등에 주목하고 있지 못하다. 한국전쟁 이전 국가형성 초기과정과 비교해 볼때 전전과 전후의 경찰의 역할과 성격은 확연하게 차이가 나고 있다.

이상의 연구에서는 주로 국가형성이라는 측면에서 국가기구 가운데 하나인 경찰기구를 살펴보고 있으며, 대체로 해방이후 분단국가로의 형성과정에서 경찰이 수행한 역할을 정치적 측면에서 조명하고 있는 것이 특징이다. 이러한 연구에서는 경찰기구 자체의 조직변화과정에서 나오는 억압적 성격에 대한 분석이 부족하며, 정치적 측면과 결부시켜 보았을때도 제1공화국 내에서도 1953년을 기점으로 경찰의 성격이 변화하고 있음을 파악하지 못하고 있다.

97) 브루스 커밍스, 앞의 책 상, 청사, 1986, 283쪽.

상하였다.

1945년 8월 15일 일본이 패망하고 식민지 통치체제가 붕괴되자 강력한 통제체제 지탱의 기반이었던 경찰은 제 기능을 발휘하지 못하였다. 당시 혼란을 수습하고 치안유지를 담당하였던 것은 건국준비위원회 치안대를 비롯한 각종 자발적 치안단체들이었다.

해방 직후부터 미군이 진주한 9월 8일까지 24일간은 치안의 공백상태였다. 해방 후의 혼란스러운 상황에서 건준의 치안대를 중심으로 하는 각종 치안대가 사회질서를 회복하는데 기여하였다. 이 기간 동안 좌익에 의한 해방정국의 주도와 조공세력의 부상은 친일세력은 물론 사회기득권층을 형성하였던 우익세력에게 광범한 공포를 불러일으켰다.

9월 8일 미군이 남한에 진주하고 하지중장과 아베(阿部信行) 간에 항복조인식이 거행됨으로써 일제경찰은 물러나게 되며, 미군정은 한국경찰체제 재편 작업을 시작하였다.

원래 미군의 상륙 목적은 1945년 2월 9일자 연합군최고사령부 일반명령 제1호에 따른 일본군의 무장해제였으나, 9월 7일 38선 이남 지역에 군정을 실시한다는 태평양미육군총사령부 포고 제1호에 의해 그 임무가 바뀌고 말았다.98) 이에는 일본군의 무장해제와 질서유지 외에도 "한국의 일부를 물리적으로 점령하고 한국인으로 하여금 다른 어떠한 세력도 배타적으로 상황을 결정할 수 없다는 것을 인식하게 하며, 그 대신에 한국인은 독립정부를 수립하는데 참여하게 되리라는 것을 이해시키는 것"이 포함되어 있었다. 이것을 볼 때 진주한 미군의 임무가 38선 이남에 주둔한 일본군의 무장해제라는 단순한 군사적인 목적에서 어느 특정세력에 의한 독자적인 상황조절의 거부와 물리적 점령이라고 하는 정치적 성격으로 변모하였음을 알 수 있다. 즉 미소 양국이 각자의 점령지역에서 법과 질서를 수립하게 되었는데 '군사적 편의에

---

98) 〈태평양미국육군총사령부, 포고 제1호〉 매일신보 1945년 9월 11일.

따른 그 결정은 곧 정치적 의미를 지니게' 되었던 것이다.[99]

결국 미군정은 초기부터 좌익지배적인 정치지향을 인식하고 그것을 파괴하는 정책을 세우게 되며, 또 미국의 이익을 대변하는 세력으로서 친일, 보수우익세력의 존재를 상정하고 있었다.

이러한 인식에 기반하여 9월 8일 진주한 미군정의 가장 시급하고 당면한 과제는 한국경찰체제의 재편이었다. 첫 작업은 지방에서 스스로 치안을 담당하고 있던 민간경찰조직이었던 치안대를 해산하던지 아니면 경찰로 흡수하는 것이었다. 이어서 중앙에서 경찰기구를 중앙집권화함과 동시에 기존 경찰을 정비 강화하여 전국적인 수준에서 미군정의 피점령지 치안업무에 효율을 기하는 것이었다.

9월 14일 군정장관 아놀드 소장은 다음과 같은 성명서를 발표하여 기존 경찰기구의 행정적 이용과 새로운 경찰체제의 성격 및 그 기능을 명시했다. 이 성명은 정확히 군정경찰의 탄생을 의미하는 것이었다. 이에 따라 새로운 한국인 경찰관의 모집이 행하여지고 한편으로는 치안확보를 위한 긴급조치가 행해졌다. 군정장관 아놀드는 우선 일본경찰국장을 파면하고 새로운 경찰권의 근거가 미군의 군정권에 있음을 명백히 하고, 다음 4개 항목을 천 명하였다.

첫째, 연합국군 최고 사령부포고 제1호 제2조에 의하여 현재(북위38도이남)의 경찰기구는 그 기능을 계속하고 있다.
둘째, 정치단체나 귀환병단 또는 일반시민대가 경찰력 또는 그 기능을 행사하며 또는 행사하려하는 것을 금한다.
셋째, 현재의 경찰기구는 종전의 일본 정부와는 전혀 관계가 없고, 군정장관인 밑에 운영되어 그 조직의 실권은 내가 이것을 부여한다. 또 그 조

---

99) 부르스 커밍스, 『분단전후의 현대사』, 일월서각, 1983, 94쪽.

직은 헌병사령관 식크(Schick)준장에 직속한다.

넷째, 경찰관은 군정장관으로부터 아래와 같은 직권을 보유한다. ① 무기
의 휴대, ② 체포, ③ 분쟁의 진압, ④ 법규 및 질서의 유지, ⑤
한국인 및 일본인으로 되어 있는 현재의 경찰관은 결국에 있어 전
부 한국인으로서 조직되기로 한다.[100]

또한 미군정은 우선 치안확보를 위한 긴급조치로 치안대 등에 대한 무장
을 해제하였다. 이를 위해 1945년 9월 26일 군정청법령 제3호에 의하여 일
반 국민의 무장해제 조치를 취하였고, 9월 29일 군정청법령 제5호로 무기
또는 탄약·폭발물의 불법소지를 금지하는 내용을 공포하였다.[101]

동년 10월 9일에는 군정청 법령 11호의 발포로 일제하의 여러 악법을 폐
지하였다. 이 법령에 의하여 ① 정치범 처벌법(1919년 4월 15일 제정), ②
예비검속법(1941년 5월 15일 제정), ③ 치안유지법(1925년 5월 8일 제정),
④ 출판법(1910년 2월), ⑤ 정치범 보호·관찰령(1936년 12월 12일), ⑥ 신
사법(神社法)(1919년 7월 18일), ⑦ 경찰의 사법권(범죄 즉결례) 등 7개 법령
이 폐지되었다. 경찰의 사법권 폐지는 경찰서장이 갖고 있던 즉결처분과 훈
계 방면 등 넓은 의미의 사법권 폐지를 말하는 것으로서 수사단계의 사법경
찰권마저 폐지된 것은 아니었다.[102]

이어 경찰대검의 폐지, 여자경찰관 제도의 창설, 경찰즉결처분의 폐지, 치
안관제도의 신설, 경찰사무의 정리, 군정경찰의 표어인 '봉사와 질서'를 흉장
으로 패용하도록 하였다.

이상과 같이 남한에 진주한 미군은 일단 중앙에서 경찰력을 확보하고 이
경찰력을 이용하여 지방을 장악해 나갔다. 이렇게 경찰력이 미군정의 남한

---

100) 內務部 治安局 編, 앞의 책, 1972, 926쪽.
101) 內務部 治安局 編, 앞의 책, 1972, 927쪽.
102) 매일신보 1945년 10월 13일.

통제에 중요한 역할을 할 수 있었던 것은 미군정의 경찰정책에서 연유한다. 즉 미군정의 경찰정책의 특징은 강력한 중앙집권체제를 설립당초부터 확립하였다는 점이다.

미군사령부는 9월 12일 아놀드 소장을 군정장관에 임명하는 동시에 헌병사령관 식크준장을 경무국장에 임명하여 총독부 경무국을 승계하도록 하였다. 14일에는 군정장관 성명으로 모든 일본인을 포함한 종전의 모든 경찰관을 존속케 하고 그 기능을 계속하도록 하였다. 그 이후 17일까지 군정부는 총독부 경무국의 통제권을 완전 장악하게 된다.[103]

그런데 이 당시 경찰조직은 일제 총독부시절과 다름없이 헌병경찰조직이었다. 즉 헌병사령관 식크 준장이 헌병과 경찰을 총괄하여 장악하고 있었고, 전술군과 적극적 협조하에 경찰업무를 수행하는 체제였다.[104] 일제총독부나 미군정의 점령통치체제가 군사력에 기초한 군사적 점령통치체제였음을 보여주는 대표적 사례라 할 수 있다.

더구나 미군정은 여기에서 그친 것이 아니라 일제치하의 경찰조직을 더욱 중앙집권화시켰다. 종전 이후 미군정은 일본의 국립경찰제도가 대중적 지역통제를 받지 않기 때문에 전제적 억압의 도구로 사용되었다는 판단에 기초하여 중앙집권화된 경찰제도를 폐지했다. 그러나 한국에서는 중앙집권화된 경찰제도를 더욱 강화시켰다. 극도로 중앙집권화된 경찰제도의 수립에 대해서 미군정관리였던 D. McDonald는 다음과 같이 말했다.[105]

"가장 극적으로 중앙집권화된 것은 경찰력이었다. 도 경찰국장은 도지사가 아니라 서울에 있는 경무국장이 직접 통솔했으니, 전국경찰은 하나의 기구로

---

103) Summation, No.1(45. 9-10)
104) HUSAFIK vol. Ⅲ, p.274.
105) D. McDonald, "Field Experience in Military Government: Cholla Namdo Province, 1945-1946", in Carl Friedrich et al., American Exerience in Military Government in World War Ⅱ, New York: Rinegart and Co., 1948, p.385.

통합되었다. 경찰은 미제의 군용차량을 사용하고 일제 군용소총, 대검 및 기관총으로 무장하고, 또 독자적인 전화와 무전통신만을 갖추었다. 이렇게 조직된 경찰은 아직 태어나지 않은 남조선 민주주의에 대한 심각한 위협이었다."

미군정은 1945년 10월 21일 미 군정청에 경찰중앙기구로서 경무국(The Bureau of Police, The Police Bureau)을 설치하면서 중앙집권적인 경찰제도를 확립하였다.[106) 경무국이 설치되면서 도지사 밑에 경찰부가 설치되었으나 이러한 경찰조직은 기구 면에서 다분히 해방 전의 일제경찰조직을 답습한 것이다.

경무국 설립 당시 미군정에서는 '국립경찰'이라는 용어를 사용하였다. 미군정 당시 경찰은 군정권에 근거를 두고 군정당국이 유지 운영하는 軍政警察이었다. 그럼에도 국립경찰이라는 용어를 쓰게 된 동기는 미국의 경우 주경찰·시경찰 등과 같이 지방자치단체가 유지 운영하는 자치경찰이 있고, 이에 반해 연방경찰이 있는 것처럼 당시 미군정경찰이 전국적으로 조직되었다는 의미로 국가경찰이라는 용어를 사용하게 된 것이다.[107)

1948년 8월 15일 대한민국 수립과 함께 정부는 미군정의 과도정부로부터 행정기구를 이양받는 작업에 착수하였다.

미군정 과도정부로부터 경찰권을 인수한 정부는 정부조직법에 따라 1948

---

106) 內務部 治安局 編, 앞의 책, 1972, 980쪽.
107) 경찰의 조직·인사·경비부담 등 경찰을 유지 운영하는 주체가 국가냐 지방자치단체냐에 의하여 국립경찰 또는 국가경찰 자치경찰과를 구별할 수 있다. 이에 대해 미군정 당국과 민정 당국과의 사이에서 빈번한 논의가 있었으나 결국은 국가경찰로서의 국립경찰의 형태를 취하게 되었다. 그 동기는 국토가 협소하다는 것(더욱이 38선 이남이기 때문에), 좌우사상 대립으로 공산주의자들의 직간접적인 침략이 예상되었다는 점, 지방재정이 빈약하여 지방자치단체에서 경찰의 운영을 감당할 수 없었다는 점, 통일된 일원화 조직으로 신속 활발하고 유기적인 활동과 업무수행을 위해 어차피 국가경찰의 형태를 취하기에 이르렀다.

년 9월 31일자로 미군정의 警務部를 새 정부 내무부장관 산하의 治安局으로 개편하였다. 이에 따라 각 도경찰은 각 시·도지사 산하로 각기 지휘감독을 받게 되었다.[108] 서울의 치안을 담당하였던 수도경찰청도 시장관할 아래 들어가게 되었으며, 서울특별시장은 내무장관의 지휘감독을 받게 되었다. 서울특별시는 수도경찰청을 인수하고 시행정과 경찰행정을 일원화하는 방침을 굳혔다. 이처럼 경찰이 내무부에 예속됨에 따라 각 시도의 경찰국은 시장 또는 도지사의 보조기관이 되었으며, 경찰의 내부 계통은 치안국→시·도 경찰국→경찰서로 단순화되었다.

그러나 미군정기를 거치면서 단독정부 수립에 절대적 역할을 수행하였던 막강한 경찰조직을 내무부의 일개 局으로 재편하는 데는 많은 논란이 뒤따를 수밖에 없었다. 경찰에 대한 의존도가 높을 수밖에 없었던 당시의 상황에서 경찰권을 누가 장악하느냐는 정부 수립과 유지에 있어서 중요한 문제였다.

미군정기 동안 경찰조직에 막대한 영향력을 지니고 있었던 한민당과 조병옥 미군정 경무부장은 경찰의 축소 재편에 대해 조직적으로 반발을 하였다. 조병옥 미군정 경무부장은 경찰권 이양을 둘러싸고 윤치영 내무부장관과 대립을 하는 한편, 미군정기 경찰조직이 신정부에서도 그대로 독자적인 기구로 마련되어야 하며 경찰이 약화되어서는 안 된다는 주장을 펴고 있다.

한민당 측에서도 미군정기에 가졌던 경찰에 대한 영향력을 계속 유지하기 위해 경찰조직을 독자적인 정부기구로 만들고자 정부조직법 심의과정에서 경찰독립부안을 주장하며 경찰의 축소를 주장하는 중도파계열과 논란을 벌였다.

이러한 논란을 거쳐 경찰권은 9월 15일에야 황희찬 내무부 차관과 조병옥 경무부장의 미군고문을 통해 인수인계가 되었다. 조병옥 미군정 경무부장과

---

108) 內務部 治安局, 《韓國警察史 2》, 1972, 65-69쪽.

윤치영 내무부장관 사이의 대립은 경찰권 인수를 둘러싸고 전개되었던 한민
당과 이승만 정권와의 대립과도 관련된 것이었다.

경찰권을 둘러싼 대립은 국회에서도 벌어져 입법과정에서 경찰을 독립하
자는 안과 내무부소속으로 하자는 안의 논란이 있었다.[109] 경찰기구를 내무
부소속의 局으로 축소조정하자는 안에 대해 국회의 정부조직법 심의과정에
서 주로 한민당 계열에서는 경찰기구의 독립안을 주장하였으며, 중도파 계열
에서는 법치주의와 민주주의, 국제적 위신 등의 대의명분을 내세워 치안부
설치를 주장하였다.[110]

한편 지방경찰조직도 미군정시대의 독립관청인 경무총감부 및 관구경찰청
으로부터 서울시장·도지사의 보조기관인 경찰국으로 대폭 축소·격하되었
다. 그러나 이 역시 경찰의 분권화를 가져온 것은 아니다. 내무부장관은 지
방국을 통해서 각 지방의 행정을 지휘·감독하는 위치였기 때문에, 이러한
지방국과 치안국을 한 부처에 소속시키는 것은 오히려 경찰기구의 지방통제
를 강화하는 측면이 있었던 것이다.

지방자치법이 확정됨에 따라 각 시·도의 경무국은 시장 또는 도지사의
보조기관이 되었다.[111] 서울시장과 도지사는 각 관구경찰청을 인수하게 되었
다. 그러나 시장과 도지사의 경찰청 인수는 단순한 일이 아니었다. 내무부가
과도정부의 여러 부를 인수한 것은 내무부가 새로 신설된 것이기 때문에 문
제가 적었지만, 시장·도지사는 지방의 경찰청과 대등한 위치에 있었기 때문
이다. 서울시의 경우도 수도경찰청과 많은 갈등이 있었다. 1948년 10월 13일
국회에서 수도경찰청을 서울시장으로 귀속시키기로 가결하자 金泰善 수도경

---

109) 정부조직법 제정 당시의 관련 신문기사는 동아일보 1948년 7월 7·
9·11·14·16·20일, 조선일보 1948년 7월 10·11·15·16, 국제신
문 1948년 7월 16·20일 참조.
110) 국회사무처 자료 편찬과, 《국회사: 제헌국회, 제2대국회, 제3대국
회》, 국회사무처, 1971, 26 - 29쪽.
111) 內務部 治安局 編, 앞의 책, 1972, 76쪽.

찰청장은 10월 16일 경찰의 약체화를 초래하기 때문에 서울시 귀속에 대해 반대한다는 담화를 발표하며,[112) 노골적으로 반대의 의사를 표명하고 있다. 이러한 갈등은 이후에도 지속적으로 나타나고 있다.[113)

이상에서와 같이 정부 수립 후 이승만 정권은 중앙과 지방경찰조직을 내무부소속으로 흡수하고 중앙권적 조직을 완성하였다. 미군정기에는 경찰이 경찰조직 자체만으로의 중앙집권적 조직이었던 반면, 정부 수립 후에는 경찰이 내무부에 소속됨으로써 정부기구 내로 완전히 편입되면서 경찰조직도 더욱 중앙집권화되었던 것이다. 이미 군정기간을 거치는 동안 증강되고 비대해진 경찰은 이승만의 집권과정에서 큰 역할을 하였으며, 정부 수립 이후 그 영향력을 더욱 확대해 갔다.[114)

내무부소속으로 경찰기구가 흡수된 후[115) 내무부장관은 경찰개편에 착수

---

112) 국민신문 1948년 10월 17일.
113) 1949년 4월 4일 金孝錫 내무부장관은 주요 경찰행정을 잠정적으로 경찰국장에 일임하도록 각도지사에 공문을 발송하기도 하였다. 공문의 내용을 보면 "그간 대통령령으로서 종래 경찰청이 경찰국으로 기구가 개편되어 도지사가 경찰의 최고책임자로서 경찰권을 가지게 되었다. 여태껏 사무상으로 지방도청에 지시가 없었는데 4월 4일에 비로소 내무부장관으로부터 도지사에게, 치안국장으로부터 경찰국장에게 각각 공문이 通達되었는데 그 내용은 다음과 같다.
  (1) 현 사태에 비추어 경찰의 임무가 군과 흡사하므로 기밀 保持에 있어 경찰국장에게 일임할 것.
  (2) 또한 경찰행정의 특수성에 비추어 경찰관의 인사문제와 경리문제도 경찰국장에게 일임할 것.
  (3) 그러나 이상의 조치는 당분간의 것이므로 원칙적으로 각도의 경찰책임자는 도지사임을 인식하여 행정의 관계를 확립할 것"등이다. 부산일보 1949년 4월 7일.
114) 1949년도 유엔한국위원단보고서에서는 당시의 경찰규모가 약 60,000명이며 이들의 대부분은 미국제 카아빈 총, 기관단총 중기관총, 경기관총으로 무장되어 있다고 기술하고 있다. 《국제연합 한국위원단보고서》, 69쪽.
115) 內務部 治安局 編, 앞의 책, 1972, 53쪽.

하여 경무총감부와 지구감찰서를 폐지하고, 경찰계급 중 감찰관을 삭제하여 警務官, 總警, 警監, 警衛, 警査, 巡警으로 경찰계급을 간소화하였다. 정부 수립 후 최초의 치안국 기구는 일제하의 경찰기구를 바탕으로 미군정하의 경찰조직제도를 가미하여 만들어졌다. 일제경찰의 경비과, 도서과, 위생과가 폐지되고, 미군정 당시 폐지되었던 경제경찰이 복원되었으며, 미군정하의 치안국은 승계, 여경과·감식과는 승격되었다. 그러나 교육국은 폐지되고, 교육관리에 관한 업무는 경무과로 흡수되었다. 9개과로 구성된 치안국의 구성을 규정한 내무부직제는 대통령령으로 공포되었다. 치안국은 경찰조직을 운영하기 위하여 각 도·시의 기구를 관리하는 한편, 경찰전문학교와 일선경찰인 여자경찰, 철도경찰을 직접 관할하였다.

치안국의 내부 편제에서 총독부 당시부터의 경무과와 보안과가 유지되고 미군정기에 없어진 경제과가 부활되었으며, 미군정 말기에 각 관구 경찰청에 설치된 사찰과가 본부조직에 들어갔다는 측면에서 보면 오히려 미군정기보다 퇴보한 것이라고 할 수 있다.

그 후 경제과는 1949년 7월 1일 다시 폐지되었고 그해 9월 1일에는 교육과가 다시 설치되었다. 결과적으로 경무국 내에 9개 과를 설치하여 11부 4처의 73개 국 중에서 가장 방대한 조직을 가지게 되었다. 이 시기 경찰기구는 미군정기에 확대된 기구가 인원의 감원은 없이 조직만 축소되는 양상을 보이고 있다.

그리고 이러한 경찰기구 이외에도 군수사정보기관과 아울러 특무대(CIC)의 후신인 대한관찰부와 같은 비밀정보기관도 경찰기능을 보조하는 억압기구로서 기능하였다.[116]

---

116) 백운선, 〈한국현대국가의 형성과 통치양태의 정형화〉, 구영록 교수 화갑기념논총 편집위원회 편, 《국가와 전쟁을 넘어서: 국제환경의 변화와 한국정치》, 법문사, 1994, 523쪽.

〈표 6〉〈정부 수립 후 경찰기구표(1948. 11. 4)〉

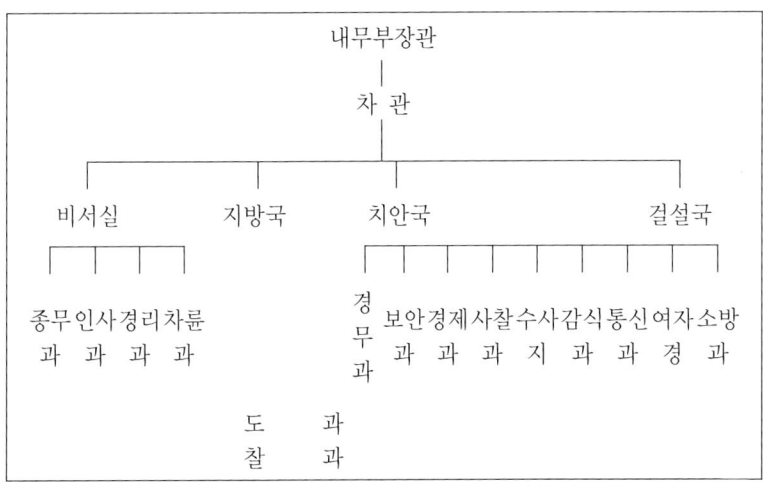

출처: 徐基榮, 《韓國警察行政史 - 警察行政構造의 變遷과 特質》, 法文社, 620쪽.

이상의 경찰조직에서와 같이 경찰관 최고 간부라 할 수 있는 치안국장은 내무부장관의 보조기관이고 경찰국장은 시장·도지사의 보조기관에 불과하였지만, 실제에 있어서는 치안국장을 정점으로 하고 각 경찰국장을 계선기관으로 하여 운영되었다. 업무상의 지시나 의견상신 등이 대부분 시장·도지사를 통하지 않고 직접 치안본부장과 경찰국장 간에 이루어지고 있으나 법제상으로는 내무부장관과 시·도지사가 지휘하도록 되어 있어서 경찰 지휘감독 계통이 법제상 규정과 현실이 유리되어 있었다.

이처럼 정부 수립 후 경찰은 더욱 중앙집권화된 국가경찰로 조직·운영되었으며, 민주적 통제를 위한 의사소통기구가 결여되었다.

한국전쟁기간 동안 경찰은 양적 질적 팽창과 함께 더욱더 강화된 조직으로 성장하게 되었다. 경찰은 유엔군 및 국군의 작전에 참여하여 전투활동을 하는 외에도 유격대 토벌과 부역자 처리 등 국내 치안의 확립, 군 주요 보급로의 확보로 국군 및 유엔군의 작전에 기여, 피난민 이동조치에 관한 긴급지시 사항의 시행, 국가중요시설의 경비 등의 비상임무를 수행하게 되었다. 이 시기 경찰은 이러한 임무를 수행하기 위해 조직의 군사화와 함께 엄청난 양적 팽창을 거듭하였다. 또한 이러한 군사화와 양적팽창은 경찰예산규모의 확대를 가져왔다.

한국전쟁이 발발하자 백성욱 당시 내무부장관은 1950년 7월 15일 사표가 수리되고 미군정하에서 초대 경무부장을 지낸 조병옥이 새로 내무부장관에 취임하였다. 미군정기 경찰의 책임자였던 조병옥을 경찰을 통할하는 내무부장관에 기용한 것은 중요한 의미를 가진다. 당시 경찰은 군대와 더불어 국가 무력기구의 핵심적 위치를 차지하고 있었으며, 군사력에 비해 훨씬 일상화된 물리력의 사용으로 인해 국민들에게 미치는 영향이 더욱 컸다. 또한 한국전쟁이라는 중대한 상황에 처하여 군의 지휘권은 미국에 일임되었지만 경찰은 이승만 정권의 영향력 아래에 있었다. 이러한 상황에서 미군정기 경찰 책임자였던 조병옥을 내무부장관에 임명한 이승만은 경찰을 통해 한국전쟁에 개입하고자 한 것이다.

한국전쟁이 발발하면서 경찰조직은 전투경찰체제로 통합되었다. 해방 후부터 유격대 토벌과 38선경비 등 군사적 활동을 전개해 오던 경찰은 한국전쟁을 맞아 경찰 본연의 임무와 기능은 전혀 수행할 수가 없게 되었다. 우선 치안국이 대전을 경유하여 대구로 후퇴한 지 일주일이 지난 1950년 7월 27일 전시체제에 적응하기 위하여 비상적인 기구를 마련하였다. 즉 치안국에 부국장제가 설치되고 보급과가 신설된 것이다. 초대 부국장에는 미군정기 경무과장으로 있던 김태선이 승진 임명되었다.

경찰은 전투임무를 수행하기 위해 한국전쟁 전에 설치한 비상경비총사령부와 각도 비상경비사령부의 전투경찰대조직을 살리면서 부여된 임무를 수행하였다. 그러나 전쟁 전의 전투조직은 경찰의 일반조직과 별도로 편성된 것이기 때문에 이 시기의 경찰은 이중구조를 이루고 있었다. 전쟁의 진전과 더불어 전투조직은 확대되고 아울러 일반조직은 전투지원구조로 바뀌어갔다.

또한 경찰의 기능이 전투에 집중되면서 전투에 참가하는 경찰에 대한 물자의 지원을 원활히 하기 위해 보급과를 신설하였다. 이것도 역시 「임시로」라는 조건을 붙여 설치되었다. 평시에는 물자 보급을 각 과에서 예컨대 통신자재는 통신과, 무기탄약류는 보안과에서 담당하였는데 이제는 그러한 기능을 통합하여 이를 관장할 새로운 기구를 둔 것이다. 이러한 기능의 통합과 아울러 이에 종사하던 인적자원도 함께 보급과로 이관되었다.

보급과의 설치로 8개과로 늘어난 치안국은 다시 과의 통폐합으로 7개 과로 돌아오게 된다. 즉 낙동강 방어선이 형성될 무렵인 1950년 8월 10일, 사찰과와 수사과는 정보수사과로 통폐합되었다. 전쟁이 일어나기 전인 3월 31일에 공포된 내무부직제(대통령령 제304호)에 의하면 사찰과는 「민정사찰, 외사사찰 및 특명에 의한 사찰사항」을 분장하고, 수사과는 「범죄수사지도 및 특명에 의한 경찰공무원이 관련된 범죄 또는 공익에 관한 범죄의 수사에 관한 사항」을 분장하였는데, 이 두 과의 업무가 통합하게 된 것이다.

이처럼 경찰의 내부적인 변화가 이루어지다가 서울 수복 후에는 경찰과 타 부처 간의 업무분담의 문제가 제기되었다. 일제시 경찰이 관장하던 위생사무는 미군정 이후 타 기관으로 넘어가 보건부가 담당하고 있었다. 경찰은 다만 그 불법과 비위를 단속할 뿐이었다. 때문에 허가권자와 단속권자 간에 알력이 없지 않았는데 1950년 10월 18일 대통령령 제387호로 청소 및 접객영업 사무관장에 관한 임시조치령이 공포되고, 제386호로 내무부직제가 개정되어 경찰이 다시 이를 담당하게 되었다. 그러나 보건부는 정부조직법을 들고 나와 앞의 대통령령 387호가 위법이라고 주장하여 1951년 8월 24일 대통령령 제524호와 제525호로써 이에 관한 권한을 되찾아 갔다.

전쟁이 가져온 또 하나의 업무는 경찰관에 대한 원호였다. 이 업무는 警務課에서 담당하도록 명문화되었으며, 內務部職制에 關한 件(1950年 7月 27日 大統領令第378號)에 의해 이러한 임시 조치를 마련하였다. 이에 따라 1950년 12월 7일에는 경찰병원이 신설되었다.

1951년 12월 2일에는 국회경비와 국회의원의 호위업무를 일원화하기 위하여 서울특별시 경찰국에 국회특별경비대를 설치하였는데, 이는 1952년 7월 발췌개헌에 경찰력이 동원되는 계기가 되어 이때부터 경찰이 정치에 노골적으로 이용되기 시작하였다.

휴전을 앞두고 정부가 서울로 환도하자 치안국도 피난 2년 반 만인 1953년 6월 18일 서울로 되돌아왔다. 이 시기 경찰은 전투행위를 후방 유격대토벌로 국한시켜 나갔으며, 치안국은 전쟁의 경험을 토대로 기구를 개편하여 1953년 7월 6일 경비과를 신설하고, 정보수사과가 분리되어 특수정보과와 수사과를 두었다.

치안국의 기구는 1955년에 들어서야 완전히 전시체제에서 평시체제로 전환하였다.[1] 전시의 과중한 지휘책임과 지휘체계 유지문제 때문에 설치되었던 부국장 제도가 4년여 만에 폐지되고 이어 전시 물자조달을 위해 설치되었던 보급과도 폐지되었다. 이로서 전쟁에 대처하기 위하여 치안국에 설치되었던 임시기구는 모두 폐지되었고, 내무부직제가 개정되어 보급에 관한 업무가 경비과로 이관되었다. 또한 수사과는 수사지도과로 개편되어 치안국에는 경무과, 보안과, 경비과, 수사지도과, 특수정보과, 통신과만이 남게 되었다.

---

1) 치안국의 체제는 1956년의 조정으로 일단 정비되었다고 볼 수 있고, 이 체제는 대체로 4·19 이후까지 약 4년간 거의 변동이 없었다. 다만 1959년에 장비의 개선과 법령정비, 예산관리 등을 비롯한 기획업무를 발전시키기 위한 기획계가 경무과 내에 설치되었다는 것이 기록될 만한 일이었다. 4·19 이후에 단행된 경찰정비는 주로 경찰의 선거간섭과 정치사찰을 막으려는 것이어서 1960년 6월 1일 내무부직제를 개정하여 특수정보과를 정보과로 개편함에 불과한 정도였다.

이때 보급과와 더불어 감식과가 없어진 것은 과학수사연구소를 설치하기 위함이었다.

이러한 경찰조직 변화와 더불어 경찰의 기능도 다양해졌다. 병사업무나 피난민의 보호는 물론 부역자의 처리 등을 담당하여야 했다. 한국전쟁이 발발하자 보안경찰 및 경비경찰은 1950년 7월 10일 분산된 피난민의 신분조사 및 피난민 증명서 교부협조와 수용소 상주경비를 수행하였으며, 7월 22일 대통령긴급명령으로써 비상 시 향토방위령을 발포하여 만 14세 이상에게 유격대신고의무를 지우고 대한청년단을 주축으로 17세 이상, 50세 이하의 남자로 하여금 부락단위 자위대를 조직하여 체포권을 부여하고 48시간 이내에 경찰에 인계토록 하였다. 전선이 소강상태에 빠지면서부터는 전재복구에 나서게 되었으며, 전쟁으로 황폐해진 산림녹화 등의 임무가 경찰의 중요임무로 등장하였다. 시기적으로는 1952년경에 해당하는 이 같은 현상은 경찰의 전투임무가 훨씬 가벼워졌음을 의미하는 것이기도 하였다.

한국전쟁기에는 경찰조직의 군사화와 더불어 양적 팽창도 급속히 이루어졌다. 경찰의 양적 팽창은 한국전의 발발 이후부터 경찰의 전투임무가 가벼워진 1952년까지 급격히 이루어졌다. 경찰관 정원은 1951년에는 정부 수립 당시의 4배나 되는 6만 3천여 명에 이르렀으며, 경찰의 임무수행을 위한 예산도 확대되어 1950년도의 경우 국가예산의 30%를 차지하였다. 해방 직후 약 8천 명 수준이었던 남한의 한국인 경찰이 이듬해에 2만 5천 명이 넘어섰고, 1951년에는 63,427명에 이르게 되었던 것이다.

〈표 7〉〈1950년대 초반의 경찰관 정원〉

	경무관	총경	경감	경위	경사	순경	기타
1950년 8월	19	179	595	2005	6369	28842	48010
1951년 말	22	205	730	2610	8366	51494	63427
1952년 말	23	209	767	3299	8480	50649	63427
1953년 말	22	189	655	3545	8061	38259	50731
1954년 말	23	189	655	3545	8061	38228	50731
1955년 말	11	172	642	3418	7116	35891	47250

출처: 이현희. 한국경찰사. 덕현각. 1979. 227쪽.

　한국전쟁기에는 정규군의 증강이 미국에 의해 억지되고, 유격대 활동으로 인해 전선이 후방 깊숙이까지 뻗어있는 특징 때문에 경찰의 양적 팽창이 전쟁기간 내내 이루어졌다. 전쟁이 끝난 뒤에도 여전히 유격대 활동이 계속되는 등 치안수요가 적지 않았으나, 국군 증강의 논리에 밀려 나타난 전반적인 공무원 감축의 바람 속에 경찰관도 인원감축의 대상이 되었다. 경찰 정원도 1953년 1만 3천 명, 1955년과 1956년에 걸쳐 1만 4천 명 정도가 줄어 총 4만 명 이하가 되었다. 경찰예산도 전쟁당시 세출예산의 18%수준을 정점으로 계속 하락하여 1955년을 넘어서면서 10%미만으로 떨어졌다.2)

---

　2) 휴전과 더불어 경찰행정체제를 정비할 무렵, 정부에서는 경찰관 수요의 감소와 예산의 절약을 내세워 경찰관의 감원을 서두르게 되었다. 1953년 9월 10일 치안국은 각 시도경찰국 경무과장회의를 개최하여 국무총리의 지시대로 36%에 해당하는 경찰관 2만 3천 명을 감원함에 따른 감원요령을 결정하고, 9월 15일을 기하여 실시하기로 합의하였으며 경찰 역사상 최대규모의 감원작업이 이루어지게 되었다. 이때 감원된 경찰관은 13,256명이었으며, 계급별로는 경무관 2명, 총경 26명, 경감 188명, 경위 618명, 경사 1,411명, 그리고 순경이 11,011명이였다. 이 무렵에 있었던 특이한 사실은 이른바 강등시험이었다. 정원조정은 계급별로 이루어졌기 때문에 강등을 시켜서라도 경찰에 남아 있게 하려는 목적에서 시험을 치러, 불합격자는 계급을 강등시킨

한국전쟁기의 경찰관의 증원과정을 살펴보면 다음과 같다. 전쟁의 발발과 함께 신임 내무부 장관이 된 조병옥은 경찰재편에 착수하여 경찰력을 65,000명으로 증원할 것을 결정하고 1950년 7월 대구지구와 부산지구에 경찰훈련소를 설치하여 조기에 훈련을 마치도록 규정을 만들어 1950년 12월 말까지 강력한 경찰군을 편성토록 하였다.3) 이 결과 1950년 말에는 4만 8천여 명까지 증강될 수 있었고, 1951년에는 정부 수립 당시의 4배나 되는 6만 3천여 명에 이르게 되었던 것이다. 전시하에서 경찰관에게는 징집보류의 특혜가 주어졌으므로 경찰관의 충원은 비교적 쉬운 편이었다.

이때 신규 채용된 경찰관들은 교육도중 미8군단장의 요청으로 7개 전투경찰대대로 편성하여 단기교육을 시킨 후 전투지구로 배치하였으며, 그 사령부를 경찰전문학교에 두었다. 경찰전문학교는 당시의 전황에 따라 대전, 대구, 서울, 부산 등지로 옮겨 다니면서 경위급 별과생과 간부후보생 양성에 주력하였고, 통신기능의 중요성을 감안하여 통신요원을 선발하여 교육하기도 하였다.4)

또한 경찰전문학교에서는 전선이탈자 등 각지에서 후퇴한 경찰관들을 모아 전시경찰교육대를 편성하여 단기교육을 실시하였고 이렇게 교육받은 경찰관들은 전선에 다시 투입되었다. 청양에 출동한 제1대대, 홍산에 출동한 제2대대 등이 그것이다.

대전에서 전시교육대를 편성하여 단기교육을 실시한 후 전선에 투입하던 경찰전문학교는 전선의 남하에 따라 대구로 내려갔다. 대구로 내려간 경찰전문학교에서는 후퇴해온 경찰관에게 군사훈련을 실시하는 한편 새로 경찰관을 채용하여 수용교육을 실시하였다. 이때 경찰전문학교는 제1차 130명을 양성하여 대구근교 낙동강 연안에 출동시켰고, 제2차로 530명을 청룡대대로

것이다.
3) 警察綜合學校 編, 『警察綜合學校50年史: 1945~1994』, 警察綜合學校, 1994, 9쪽.
4) 內務部 治安局 編, 앞의 책, 1972, 217-218쪽.

명명하여 교육을 실시, 제3차 대한청년단원 330명을 모집하여 경찰관으로 임명하고 군사교육을 실시하였다. 이 청룡대대 및 한청대대는 교육 중 서울이 수복됨에 따라 서울특별시 경찰국에 인계되어 그 후 북진경찰대에 편성되었다.5) 이때 경찰의 북한진주계획에 따라 북한치안을 담당케 할 목적으로 경찰관을 대량으로 모집한 것이 이 시기 경찰의 양적팽창을 가속화시킨 계기가 되었다.

9·28수복 후에는 중점적으로 단기 군사훈련을 실시하여 각 전선에 출동시켰으며 계속하여 8개 경찰대대의 편성 및 교육출동을 완수시켰다. 또한 이 무렵에 중화기가 경찰에 배치되기 시작함에 따라서 각 교육대의 교관을 소집하여 중화기 시범교육을 실시하고 재차 육군본부 병기대대로부터 교육장교 5명을 파견받아 교육을 실시하였다.6)

또한 유엔군이 북진을 하자 경찰전문학교에서는 1950년 11월 22일 신임 순경 500명을 채용하여 2개월간 교육을 마친 후 제1차로 순경급 200여 명을 일선에 배치하였고, 다시 3개월간의 훈련을 끝낸 다음 2차로 경사급 300여 명을 일선에 배치하였다.

한편 경찰의 장비는 1950년 7월 중순 당시 칼빈소총 등 6천여 정에 불과하였으나, 미8군 사령부에 무기지원을 요청하여 M1소총과 칼빈소총, 기관총,

---

5) 內務部 治安局, 『警察10年史』, 1958, 93쪽.
6) 1950년 9월 인천상륙작전으로 실지회복이 완성될 무렵 중공군의 진격으로 작전상의 철수작전을 단행하여 戰局이 장기전으로 돌입됨에 따라 경찰의 전투임무는 더욱 그 중대성을 느끼게 되었으며 더욱 후방 잔비소탕으로 국내치안의 안정을 담당한 경찰은 중화기로 무장하게 되었다. 제1차 수복기에 있어서 퇴로가 차단되어 당황하는 인민군과 유격대를 경찰은 소총, 輕機 등으로 공격하여 중화기를 다량으로 획득하였고, 이 무기로서 중무장하였다. 이로서 경찰은 1951년 3월 11일부터 중화기에 대한 새로운 훈련교육을 전반적으로 실시하여 치안국에 중화기 훈련소를 설치하고 崔致煥 경무관이 소장으로 취임하여 훈련을 실시하였다. 徐基榮, 앞의 책, 法文社, 1976, 473쪽.

박격포 등 7만여 정의 무기와 피복을 보급받아 전력을 강화하였다.[7]

한국전쟁기 동안 경찰의 갑작스러운 양적팽창을 뒷받침하기 위해 경찰관에 한하여 적용되는 인사법령이 제정되었다. 1952년 3월 10일에는 대통령령 제613호로 경찰관 승진시험규정, 동년 8월 26일에는 대통령령 제682호로 순경임용규정이 공포되었다. 그 후 1953년에는 경찰관 승진시험규정을 개정하는 시험과목을 조정하고 승진시험의 자격을 강화하는 한편 순경임용규정을 개정하여 기술계 순경임용의 시험과목을 조정하고 경찰학교에서 소정의 교육을 이수하지 않으면 실무에 복무할 수 없도록 하였다.

전쟁기간 경찰인사기구로는 치안국 예하 警務課 내의 人事係에서 담당하였으며, 경찰관 채용에 있어서는 전쟁으로 인한 징집 특혜 등으로 충원은 비교적 용이하였고, 그 후에는 제대군인 등으로 계속 뒷받침되었다고 볼 수 있다. 그러나 이 시기에도 공채보다는 정실적인 특채가 많았고, 경찰관으로서의 사전훈련의 부족으로 양적충원에 비하면 질의 확보가 어려웠다. 하지만 정보 및 수사경찰관의 채용방법에 있어서는 단순한 근무배치에 그치지 않고 일반 내근이나 외근경찰관 중에서 형사 적임자를 선발 임명하는 임명제의 형식에 의하여 기용 배치함으로써 수사경찰의 질적 향상을 도모하였고, 임명에 있어서 형사임용시험 등을 실시하여 성적이 우수한 자를 엄선하기 위해 일종의 승진시험제를 제도화하였던 시기도 있었다.[8]

그러나 대체적으로 볼 때 경찰관 임용은 아래의 <표 12> <1953년도 전국 경찰관 인사이동상황 일람표>에서 볼 수 있듯이 주로 특채로 이루어졌으며, 교육도 제대로 이루어지지 않은 상태로 전투에 투입되는 상황이었다. 즉 1953년의 경우를 보아도 총 임용인원 18,975명 가운데 모집된 신규 경우는 4,530명에 불과하였다. 특채는 7,010명이었으며 나머지 복직 5455명

---

7) 內務部 治安局 編, 앞의 책, 1972, 273쪽.
8) 동홍욱, 「공안행정」, 『한국행정의 역사적 분석』, 한국행정문제연구소, 1969, 214, 223쪽.

과 승진 1,800명의 경우도 기존 경찰의 재임용이었을 뿐이었다. 임용시험이
나 승진시험의 경우도 수사경찰의 일부 경우를 제외하고는 제대로 이루어지
지 않았다.

〈표 8〉 〈1953년도 전국 경찰관 인사이동상황 일람표〉

階級別 \ 區分別		計	警務官	總警	警監	警衛	警査	巡警
總計		108,469	63	562	2818	7882	14631	82513
任命	小計	18,795	10	42	138	736	1840	16029
	特採	7,010	1	1	17	35	214	6742
	復職	5,455		4	23	194	477	4757
	昇進	1,800	9	37	98	507	1149	
	生徒募集	4,530						4530
退職	小計	26120	7	55	238	890	2489	22441
		3514	4	8	26	112	362	3002
		13910	2	41	191	641	1423	11612
	懲戒	8575		5	17	128	686	7739
	死亡	121	1	1	4	9	18	88
異動	小計	58712	43	435	2327	5778	7334	40795
	轉勤	28420	30	247	1452	3668	4001	19012
	轉入	20759	5	102	483	1283	3238	15648
	轉出	9533	8	86	392	827	2085	6135
其他	小計	4842	3	30	115	478	968	3248
	停職	59		1	8	18	9	23
	休職	367			3	32	29	303
	減俸	3177		13	63	313	574	2214
	譴責	728	1	13	31	72	155	456
	降位	147				29	111	7
	待期	5						5
	追敍	359	2	3	10	14	90	240

출처: 내무부 치안국, 『國立警察統計年報』 창간호, 1953년, 49쪽.

경찰관의 채용은 공개채용이 바람직하지만, 제1공화국 말기까지도 특별채용이 차지하는 비율이 높았다. 특별채용의 경우 문제는 처음부터 상위직에 임용되는 점이었다. 승진제도에 있어서도 경사·경위·경감의 승진시험이 1년에 1회씩 실시하게 되어 있었으나, 실제에 있어서 경감 승진시험의 제3회가 1960년에야 실시된 사실을 볼 때, 이는 매년 실시되지는 않았음을 알 수가 있다.

한국전쟁기 경찰의 군사조직화와 양적팽창에 따라 예산규모도 엄청나게 증대하게 되었다. 미군정기였던 1946년 4월14일 발표한 경무부 예산규모를 보면 6억 7천만 원을 세출액으로 책정하였는데, 이것은 미군정 전체 예산 118억원의 약6%에 해당하는 액수였으며, 1947년 회계년도에는 당시에 발생했던 치안문제가 경찰수요를 증대시켜 경찰예산은 더욱 비중이 높아져 전체 예산의 약 9%에 해당하였다. 당시에는 군대가 제대로 자리 잡지 못한 태동기여서 통위부의 예산은 경찰예산의 65%에 미치지 못했다.

정부 수립 후 경찰예산은 치안국분으로 인건비와 사무비가 내무부 본부에 계상되고 그 밖에 경찰관계 특이사항에 한해서는 각기 소관 해당 관항을 설정하여 예산조치를 하였다. 한편 각종 사태수습을 위한 임시 치안강화비와 여순반란사건으로 말미암은 청사복구비, 38선 지역을 비롯한 오대산지구 사태수습비등 각 경비는 그때그때 필요에 따라 조달하였다.

한국전쟁의 발발로 인해 경찰예산은 비상경비예산, 수차에 걸친 추가경정예산 등이 있었다. 실제 경찰예산은 처음에 편성되었던 예산의 약 2－3배에 이르는 예산을 집행하였다.

한편 이듬해부터는 경찰예산에 한국전쟁 수습비가 할당되게 되었다. 이는 1951년도부터 1953년도까지 특별회계로 계상되었는데, 이 특별회계는 일반회계 전입금과 국채발행에 의해 충당되어 국방과 더불어 경찰예산에 편성되었다. 이리하여 경찰에 배당된 액수가 1950년에 전 예산액의 약 50%에 이르게 되고 이러한 현상은 1953년도에까지 이어졌다. 이는 거의 감사를 받지 않고 사용할 수 있는 액수였다. 한국전쟁당시의 경찰예산의 증가정도를 보면 아래 표에서도 볼 수 있는 것처럼 국가일반회계의 증가율을 훨씬 상회하였으며, 경찰 측의 기록에서도 볼 수 있듯이 이 기간 동안 경찰은 예산집행의 어려움을 거의 느끼지 않았다고 한다.

〈표 9〉〈국가일반회계와 경찰비의 비교〉단위: 백만 원

	국가일반회계(A)		경찰비(B)		B · A%
	금 액	신장률	금 액	신장률	
1949	57	0.5	10.6	0.7	18.5
1950	105	0.9	30.3	1.9	28.7
1951	333	2.5	56.7	3.7	17.0
1952	982	7.1	107.3	6.8	10.9
1953	2842	20.4	516.1	33.3	18.2
1954	5692	46.9	1107.1	69.9	18.4

출처: 徐基榮, 앞의 책, 法文社, 1981, 487쪽.

한국전쟁의 막대한 전쟁비용은 사실상 국민들로부터 부담된 것이었다. 전쟁기간 이른바 기부금의 형식을 빌어 막대한 자금이 국민들로부터 징수되었다. 예를 들어 "경상북도에서는 한국전쟁 발발 후 1951년 3월 말까지 세외부담으로 대략 40억원, 충남에서는 국민회 부담금 5천 2백여만 원, 벼 645만석 등을 합쳐서 1950년 말까지 약 20억원으로서 조세부담의 10배에 달하는 돈이 세외부담으로 징수되었다"는 국정감사기록이 남아 있다.9)

이 같은 경찰의 기부금징수는 1953년 이승만의 '準조세수취금지'담화가 나올 때까지 계속되었다.10) 원래 이승만은 주로 청년단체와 경찰이 거둬

---

9) 『國會史』 1: 製憲國會, 第2, 3代國會, 국회사무처, 1971, 467쪽.

들인 돈을 정치자금으로 사용했었으나 전쟁기간 중 군부를 통해 방대한 원조유용액을 확보하게 되었고, 이를 통해 기존의 정치자금원인 청년단체와 경찰을 어느 정도 견제할 수 있었던 것이다.

　이상에서와 같이 미군정기에 이어 정부수립기와 한국전쟁기를 거치면서 경찰은 군사체제로 개편되어 전쟁에 직접 동원되었으며, 양적으로도 7만 명에 가까울 정도로 팽창하였다. 이승만 정권은 미국의 영향을 많이 받을 수밖에 없었던 군보다는 자신의 영향력하에 있는 경찰을 이용하여 정권의 안정화와 국민통제에 이용하였다.

〈표 10〉〈1953년 말 全國 警察官 定員 現員表〉

계급\소속	計			警務官			總警			警監		
	定員	現員	比較	定員	現員	比較	定員	現員	比較	定員	現員	比較
총　계	50731	50959	+228	22	9	·	183	194	+5	655	648	-7
치안국	581	584	+3	22	9	·	34	34	·	80	75	-5
警　專	210	54	-156	·	·	·	4	9	+5	18	9	-9
해　경	658	256	-402	·	·	·	5	5	·	27	20	-7
서　남	8445	8442	-3	·	·	·	14	14	·	86	86	·
서　울	6784	7092	+308	·	·	·	22	22	·	83	78	-5
경　기	4435	4666	+231	·	·	·	15	14	-1	55	61	+6
강　원	3500	3511	+11	·	·	·	11	11	·	35	34	-1
충　북	2536	2511	-25	·	·	·	10	10	·	30	33	+3
충　남	2930	2902	-28	·	·	·	13	13	·	38	44	+6
경　북	5704	5777	+73	·	·	·	16	17	+1	52	58	+6
경　남	5551	5857	+306	·	·	·	17	16	-1	56	53	-3
전　북	3243	3348	+105	·	·	·	11	11	·	34	37	+3
전　남	4996	4811	-185	·	·	·	11	12	+1	44	43	-1
제　주	1158	1148	-10	·	·	·	6	6	·	17	17	·

---

10) 김정원, 『분단한국사』, 동녘, 1985, 166쪽.

警　衛			警　査			巡　警		
定　員	現　員	比　較	定　員	現　員	比　較	定　員	現　員	比　較
3545	3290	− 355	8061	7571	− 490	38259	39234	+995
159	183	+24	232	231	− 1	67	52	− 15
47	20	− 27	70	11	− 59	70	4	− 66
86	29	− 57	288	77	− 211	251	124	− 127
349	371	+22	1176	1164	− 12	6819	6906	− 13
279	338	+59	850	938	+88	5549	5715	+166
396	353	− 43	800	748	− 52	3168	3489	+321
244	227	− 17	479	440	− 38	2731	2798	+67
200	170	− 30	397	409	+12	1898	1888	− 10
313	204	− 109	607	581	− 26	1958	2059	+101
432	335	− 97	904	855	− 49	4299	4511	+212
382	383	+1	839	794	− 45	4256	4510	+254
233	200	− 33	466	469	+3	2498	2630	+132
340	300	− 40	762	685	− 77	3838	3770	− 68
85	77	− 8	192	169	− 23	857	878	+21

출처: 내무부 치안국, 『國立警察統計年報』 창간호, 1953년, 41쪽.

제2절 친일경찰과 국민통제기구로의 활용

정부 수립 후 국가기구와 중앙관료조직내의 친일파를 배제하는 문제는 대단히 중요한 문제로 제기되었다. 그러나 이미 미군정기때부터 국가기구와 중앙관료조직 내에서 보수 우익세력이 정착되면서 친일파 혹은 반민족행위자 처벌에 대한 논의는 약화 내지 무시되었다.[11] 이 문제는 정부 수립후로 계속 이어져 제헌국회에서 민족반역자 처벌에 관한 특별법안을 제정하고 반민자처벌을 다시 한번 추진하게 된다.

정부 수립 후 경찰의 충원을 어떻게 할 것인가의 문제는 미군정기 등용된 친일경찰을 배제하고 앞으로의 경찰의 성격을 규정지을 수 있는 대단히 중요한 문제였다. 그러나 정부가 수립되었음에도 경찰 조직과 기능 및 운영에 대해서도 독자적인 근거법이 없이 잡다한 법령에 규정되어 기능과 책임한계가 불명확하였으며, 경찰정원의 경우를 보더라도 경찰공무원법, 지방자치에 두는 공무원의 정원에 관한 규정, 경찰공무원 임용령, 경찰공무원 승진임용 규정 등 여러 규정의 적용을 받는 등 경찰법령 및 임용규정 등이 제대로 만들어지지 않은 상태였다.

경찰의 인사행정과 관련하여서는 경찰관이 일반직에 속하고 있어 인사에 관한 법률이 따로 없었으며, 1949년 8월 12일 법률 제44호로 제정된 국가공무원법을 기본법령으로 하였다. 인사기구로는 미군정시대에는 중앙의 인사과가 담당하다가 정부가 수립되고 치안국 설치 후에는 경무과 내의 인사계가 담당하였다. 경찰의 채용은 정실에 의한 특채가 대부분이었으며, 경찰관으로서의 사전훈련 등도 부족했다.[12]

---

11) 강혜경, 미군정기 경찰의 창설과 중앙집권화, 숙명한국사론 3호, 2003년.
12) 동흥욱, 〈공안행정〉, 《한국행정의 역사적 분석》, 한국행정문제연구소,

　정부 수립 후 경찰기구의 축소개편에 따라 경찰 교육기관도 기구의 축소
가 단행되었다. 1946년 경무부에 설치되었던 교육국은 1948년 8월 정부조직
법에 의해 경무부가 치안국으로 될 때 폐지되어 하나의 課로서도 존속하지
못했다. 내무부직제(1948년 11월 4일 대통령령 제18호)에 의하면 교육행정은
경무과 教養係의 分掌사무의 하나로 되었다. 그러나 정부기구의 간소화 정책
에 따라 없어졌던 교육과는 1949년 10월 23일 교육과로서 축소 부활되었다.
교육과는 경찰교육행정에 관한 사항과 경찰관 승진시험에 관한 사무를 관장
하였으며, 1954년 3월 3일 경찰의 교육기관이 경찰전문학교로 통합될 때까
지 존속하였다.

　이러한 경찰의 임용제도, 인사제도, 교육제도를 통해 알 수 있듯이 일제시
기, 미군정기를 거치면서 경찰에 복무하였던 세력들이 그대로 유지되는 한
편, 신규 채용에 있어서도 특채를 위주로 과거 경찰경험자를 위주로 임용함
으로써 친일경찰이 사회문제화 되었다.

　이 시기의 친일파의 등용은 경찰만의 문제는 아니었다. 이미 정부 수립
이전부터 일본 식민지 지배에 참여했던 한국인들(경찰, 관료, 사법부, 군부)
의 대부분이 1945년 이후 해방된 한국의 정치와 행정에서도 중요한 역할을
맡고 있었다. 실질적으로 일제하급관리를 지냈던 자 중에서 7만 명 이상이
정부 수립 후 행정기구 경찰, 법조계에 재충원되었다. 반민법에 따른 관직축
출 대상자에 해당하는 일제 고등관 3등 이상의 경력자가 30여 명이나 정부
의 고위직에 임명되었으며, 사법부 고위직 역시 68.4%가 일제하의 판검사
출신으로 메워졌다.[13] 또한 내무 공무원만 국한하여 약 400명가량이 반민법
에서 규정하는 친일반민족 행위자에 해당하는 것으로 지적되었다.[14]

　　1969, 214쪽.

13) 조선일보 1949년 9월 24일.

14) 이광선, 〈반민법의 파문 민족정기 살아있다〉, 《개벽》, 1948년 12월,
　　56쪽.

정부가 수립되고 내각을 구성하는 과정에서도 친일파 기용에 대한 우려가 제기되었다. 국회는 1948년 8월 2일 제37차 오전 회의에서 이범석 국무총리를 승인하였으나, 그날 오후 회의에서 신성균(무소속), 조헌영(한민당)등은 이범석 국무총리 선정에 대한 우려를 표명하고 있다.1212

신성균 의원은 국무총리의 경력이 정치가가 아니라 군인이므로 "장차 조각될 정부가 군국주의나 경찰국화가 되지 않도록 국회의 의사를 표시하자"고 주장하였다.15)

윤석구(무소속)의원도 "양심적인 인물을 많이 등장시키는 것"이 "민의를 반영"하는 것이며, "군국주의나 경찰국가가 되지 않도록 해주시요"라고 건의하는 것은 적법한 것이라고 주장하였다.16)

이처럼 국회의 무소속계에서는 전직 경찰관계자의 신정부 참여 배제를 주장하는 한편, 조병옥의 유엔특사임명과 장택상의 외무부장관 기용에 대해서도 '경찰국가화'라는 지적을 하며 우려를 표시하고 있다.17)

이런 우려에도 이승만은 자신의 현실 권력을 지지해 줄 경찰·사법기관에 대체로 친일경력을 지닌 인물들을 집중적으로 배치하였다. 이승만의 이러한 정부 구성 때문에, 국회는 정부 내에 반민족행위자들이 참여하여 권력을 행사하는 것을 방지하는 것이 시급한 문제라고 판단하였으며, 그 방안으로 마련된 것이 반민법이었다. 반민법은 첫째, 대통령의 권한으로 위임된 임명권을 근본적으로 제약하는 것이었으며, 둘째, 이승만이 초당적 입장에서 정국을 장악하는데 필요한 '친일파'를 등용하는데 중대한 장애를 초래하는 것이었다.

이러한 반민법 제정에 대해 이승만 정권하에서 실질적인 권력을 담당하고 있던 검·경찰의 고위 간부 가운데 반민법 관련자들이 행동을 취했다. 국회

---

15) 국회사무처, 앞의 책, 여강사, 1987, 7쪽.
16) 국회사무처, 위의 책, 여강사, 1987, 12 - 13쪽.
17) 국회사무처, 위의 책, 여강사, 1987, 818, 882쪽.

에서 부일협력자 숙청문제가 논의되었던 8월 23일에 검찰청 엄상섭 차장 등 8명의 검사는 "일제시대의 검사를 한 몸으로서 신정부의 수립을 본 지금 민족정기 앙양에 협조하며 자기반성을 하는 의미에서 사표를 제출한다"고 성명하였다.[18] 또한 김태일 부청장 등 수도경찰청 간부 20명도 8월 26일 동일한 이유로 윤 내무부장관에게 사표를 제출하였다.[19] 그러나 윤재욱 의원은 이들이 사표를 제출하고, 대통령을 방문하는 등의 행위는 "야비한 술책"에 불과하다고 비난하였다.

1948년 9월 3일 이승만의 담화는 반민법에 대한 정부의 입장이었을 뿐만 아니라 친일경찰들의 불안감에 대한 답변이었다.

"친일분자 처벌문제는 내가 3년 전 귀국한 날로부터 문제가 되던 바이다. 내가 그 때에도 말한 바는 정부를 세워서 국권을 찾은 후에 특별법원을 조직하고 특별법안을 만들어서 공결로 처단해야 될 것이라고 선언하였다. 지금 국회에서 이 문제로 많은 사람이 선공되고 있으니 내가 한 번 더 설명하고자 하는 바는 이때가 이런 문제로 민심을 이산시킬 때가 아니요, 이렇게 하는 것으로 이 문제가 처단이 되지 못하고 백방으로 손해만 될 뿐이니 나라를 위하며 동포를 도우려는 남녀는 각각 심사 원려해서 먼저 정권을 회복하여 정부의 권위가 내외에 확립되도록 가장 힘쓸 것이다. 원래 법률을 먼저 정하고 그 법률에 위반한 자를 정죄하는 것이 통례이지만은 전에 지은 죄를 벌주기 위해서 정하는 법은 통례가 아니므로 비상조처로써 적어도 국민 대다수의 협의를 얻어 특별법원판결에 복종할 것인 만큼, 형식이라도 만들어 가진 뒤에 처단을 해야 할 것이지 그렇지 않으면 처벌에 경중을 막론하고 이 문제가 또 발생되어서 끝날 날이 없을 것이다. 지혜로운 우리 남녀 동포들은 무익한 쟁론을 피하고 조용히 방식을 연구해서 남의 나라 사람들이 이

18) 민주일보 1948년 8월 24일.
19) 자유신문 1948년 8월 26일.

런 경우에 행한 것을 모범하는 것이 좋은 줄로 생각한다."[20]

즉 이승만은 당시 상황은 반민법을 제정할 시기가 아니며, 정부의 권위가 확립된 후에 법률을 제정해서 처벌해야 한다고 주장하면서 국회의 논의를 무익한 쟁론으로 돌리고 있다.

이미 이승만은 정부 수립 전에도 입법의원에 부일 협력자를 처단하는 법률이 상정되었을 때, 군정청 경찰 간부 중 처벌 대상자 몇 사람을 불러 친일파 처벌을 위한 법률제정은 정신 나간 일이며 공산당을 없애는 것이 가장 큰 애국이라고 말하면서 자신이 살아있는 한 친일파 처벌은 없을 것이라고 이들을 격려한 적이 있다.[21] 특히 이승만은 일련의 담화를 통해 치안을 위해 경찰의 기술이 절대적으로 필요함을 주장하면서 친일경찰을 반민법으로 처벌하지 말 것을 지시하기도 하였다.[22] 여순사건이 발생한 이 시기에 친일파를 처벌하는 것은 공산당을 오히려 이롭게 한다는 것이었다. 이러한 주장에 대해 올리버는 다음과 같이 회고하고 있다.[23]

"9월 1일 이박사는 – 장문의 편지를 보내왔다. – 반민법이 경찰을 흥분하게 만들었고 그 중의 상당수가 공산당에 합류하였소. 당신도 알다시피 경찰은 미군정으로부터 물려받은 것이요. 내가 이미 체신과 교통 양 부처에 임명한 바 있는 두 사람을 한민당이 해치려고 생각하고 있었기 때문에 국회는 반민법의 통과를 고집하였소. 전국 방방곡곡은 흥분의 도가니였소. 경찰의 책임자들은 자기들의 견해를 밝히기에 이르렀는데 자기들이 치안을 유지하여 왔으나 이제 와서 파직당하게 되었다는 것이요."

이승만은 국회의 반민법안 상정으로 인해 오히려 상당수의 경찰이 공산당

---

20) 조선일보 1948년 9월 4일.
21) 이병주, 《대통령들의 초상》, 서당, 1991, 60 – 61쪽.
22) 《大統領李承晚博士談話集》, 公報處, 1953, 13 – 14, 29 – 33쪽.
23) 로버트 티. 올리버 著·朴日泳 譯, 《大韓民國 建國의 內幕》, 啓明社, 1998, 258 – 259쪽.

에 합류하게 되었다고 주장하였다. 그러므로 반민법이 오히려 공산당을 이롭게 했다는 것이다. 그리고 한민당의 반민법에 대한 입장이 정치적 성격을 지닌 것이라고 주장하였다.

이러한 이승만 정권의 반민특위에 대한 반대는 여러 가지 방향으로 나타났다. 우선 1948년 10월 말 노덕술을 비롯한 일경출신들은 친일파 처벌을 주장하는 정치지도자 15명을 살해하려고 하였다. 경찰수뇌부들이 중심이 되어 계획한 반민특위 관련 국회의원과 간부들에 대한 암살음모였다. 주모자는 반민특위의 검거대상이었던 노덕술과 최운하 등 경찰수뇌부의 친일경찰로서, 그들은 반민특위 위원과 관련자 15명을 암살대상자로 정하고 白民泰라는 테러리스트를 고용하였다. 이 계획은 1949년 1월 24일 노덕술이 체포됨에 따라 실패했지만 다음날 이승만은 노덕술의 석방을 요구하면서, 노덕술은 해방 이후에 한국국립경찰의 수립과 치안유지와 질서확립에 중요한 기여자라고 주장했다.[24)

이승만과 친일세력의 이러한 반민법에 대한 반대활동은 관제시민궐기대회로 발전되었다. 이승만 정권의 하수인이나 친일파들은 반공집회를 열어 반민법을 網民法이라 비난하고 이를 주도하는 소장파 국회의원들을 공산당이라고 몰아붙였다. 이승만의 충복으로 당시 大韓日報사장이었던 李鍾榮이 대표적 인물이다. 그는 일제하 만주를 무대로 활동한 밀정, 많은 독립운동가를 감옥에 보낸 친일파였다.

조헌영 의원은 9월 23일 개최된 반공대회는 여타의 세력을 포용해야 한다는 관점에서 보면 정부의 실책을 단적으로 드러내 준 것이며, 정부가 이 대회를 열어 표면적으로는 공산주의를 반대하는 간판을 걸고, 이면에는 반민족처단법을 부수고자 계획하였다고 비판하였다.

조헌영 의원은 이 사건과 관련하여 다음과 같이 언급하였다. "그것이 무

24) 吉眞鉉, 《역사에 다시 묻는다: 반민특위와 친일파》, 三民社, 1984, 55쪽.

엇이냐 하면 지난 9월 23일 제1차에 정부가 실패한 것은 반공대회 사건입니다. 반공대회 사건은 표면으로는 공산주의를 반대하는 간판을 걸고 이면에는 반민족처단법을 때려 부수고자 하는 계획을 가지고 행동에 있어서는 과거에 왜정시대에 소위 매월 8일 날 하는 것과 같은 행동을 했다고 하는 것은 부인할 수 없는 사실입니다. 경찰을 동원시켜 가지고 길가는 사람을 트럭에 실으며 집집마다 기를 달라고 하며 강제로 사람을 서울운동장으로 나가라 하며 않으면 시말서를 쓰게 하고 쌀 통장을 안준다고 해가지고 이래 가지고 억지로 민중을 서울운동장으로 몰아 가지고 갔습니다."25)

친일파들의 반발에도 불구하고 반민법에 따라 1948년 10월 23일 민족반역자 조사를 위한 국회 특별위원회가 설치되었고, 1949년 1월 8일 민족반역자를 체포하기 시작하였으며, 2월 6일에는 특별검사와 판사를 임명하여, 3월 28일부터 민족반역자에 대한 재판을 시작하였다.26)

반민특위는 3개월간의 예비조사를 통해서 7,000여 명에 달하는 친일파 반민족행위자에 대한 일람표를 작성하였다. 이러한 준비작업 끝에 1949년 1월 8일 화신재벌 박흥식의 검거를 시작으로 친일파와 반민족자에 대한 검거가 시작되었다. 1949년 8월 31일 반민특위가 해체되기까지 모두 305명을 체포하였는데, 일제경찰로는 李聖根, 金泰石, 盧德述, 金悳基, 李源甫, 河判洛, 崔燕 등이 검거되었다.27)

---

25) 국회사무처, 앞의 책, 여강사, 1987, 799쪽.
26) 길진현, 앞의 책, 삼민사, 1984, 34-77쪽.
27) 1949년 4월 19일까지 반민특위가 검거한 134명 가운데 경찰을 보면 楊載弘(고등경찰 기소), 金泰錫(고등경찰 2회공판 완), 盧德述(수도청 수사과장 1회공판 완), 李源甫(고등경찰 1회공판 완), 劉 澈(헌병補 불기소석방), 崔 燕(수도청 고문 1회공판 완), 魯機柱(고등경찰 1회공판 완), 河判格(고등경찰) 金在洪(고등경찰 병보석), 金英雨(고등경찰), 徐永吉(고등경찰), 梁永煥(고등경찰 조사 중), 金極一(고등경찰 1회공판 완), 金悳基(고등경찰 기소), 朴在洪(고등경찰 기소), 都 憲(고등경찰 송치), 朴鍾杓(고등경찰 송치), 張千炯(고등경찰), 李景林(고등경찰),

　이처럼 반민특위가 친일파들을 체포해 나가자, 경찰은 헌법상 체포되지 않을 권한이 있는 국회의원들을 체포하여 보복을 하기 시작했다. 1949년 민족반역자의 처벌을 강력하게 주장하던 국회의원들을 국가보안법 위반혐의로 체포하였다. 1949년 8월까지 국회부의장 김약수를 비롯하여 모두 15명의 국회의원들이 체포되었다. 1950년 3월 15일 그들은 모두 기소되었고, 3년에서 10년까지의 형을 선고받았다. 이들은 주로 무소속 소장파의원들로서 성인회, 동인회 그리고 이들이 통합되어 만들어졌던 동성회 등을 중심으로 활동하였다. 남로당과 연결되어 국회 프락치활동을 했다는 이유로 이들이 구속되자 신변의 위협을 느낀 여타의 소장파 의원들은 민국당, 일민구락부 등 타 정파로 분산 도피하였고 이들의 활동은 극히 위축되었다. 이들은 주한미군 철수 주장 등의 자주노선, 남북협상을 통한 평화통일노선, 균등경제 실현을 추구하는 민주개혁 노선 등을 추구함으로써 이승만 계열이나 한민당 계열과는 다른 독자적인 입장을 취하고 있었다. 또한 중도파 계열은 정부조직법 심의 과정에서 경찰에 대해 친일경력을 비판하며 경찰기구의 축소를 강력히 주장한 바 있다.

　반민족행위자처벌법은 이승만의 권력기반이었던 경찰을 위협하는 것이었다.

金煥仁(고등경찰), 金大亨(고등경찰), 朴禧沃(고등경찰), 楊秉一(고등경찰), 元炳喜(고등경찰, 송치), 崔昇熙(고등경찰, 송치), 房鐵錄(고등경찰), 李晩秀(고등경찰 송치), 金八生(고등경찰), 李春玉(고등경찰), 朴龍雲(고등경찰), 張文材(고등경찰), 金永鎭(고등경찰 송치), 金錫起(고등경찰), 劉鴻洵(고등경찰), 金基玉(고등경찰, 송치), 金今述(고등경찰), 洪思默(고등경찰), 張寅煥(고등경찰), 金泰勳(고등경찰 송치), 權五默(고등경찰 송치), 吳景八(고등경찰 송치), 宋伊源(고등경찰 송치), 朴舞瑢(고등경찰), 鄭炳七(고등경찰), 吳世俊(고등경찰), 金東滿(고등경찰), 申元容(고등경찰), 李文煥(고등경찰 송치), 許　智(고등경찰), 宋世泰(고등경찰 송치), 文龜鎬(고등경찰), 南武鎬(고등경찰), 李英九(고등경찰 송치), 韓定錫(고등경찰 송치), 李敏浩(고등경찰 송치), 宋在旭(고등경찰), 金永浩(고등경찰), 崔允周(고등경찰 송치). 평화일보 1949년 4월 17일.

한편 이승만은 1949년 4월 15일 직접 반민특위 활동을 중단할 것을 요구하고 특별경찰대 해산을 지시하기도 하였다.28) 또한 반민특위에 대한 경찰의 방해도 공공연히 자행되었다.29) 반민특위에서 1949년 6월 4일 서울시 경찰국 崔雲霞 사찰과장을 체포하자, 6월 6일 서울시 경찰국의 各課·署·隊·校長들은 긴급회의를 개최하고 대통령에게 신분보장 결의문 전달하였다.30) 이에 6월 6일 서울시 경찰국 사찰과장 崔雲霞는 석방되었다.31)

1949년 6월 6일 내무부 차관 장경근의 지시에 따라 경찰이 반민특위 사무실을 습격하여 문서를 탈취하고 35명의 사무직원과 경비병들을 체포하는 사건이 발생했다. 다음날 이승만은 오히려 연합신문 기자들에게 반민특위위원들이 그의 정책에 반대하고 경찰을 체포했기 때문에, 그가 경찰에게 반민특위 위원들을 공격하라는 지시를 했다고 말했다.32)

다음날인 6월 7일에는 서울시 경찰국 9천여 경찰들이 신분보장 요구하는 결의문 발표하였다.33) 이승만은 6월 9일 진정서에 대하여 잘 알고 있으며

---

28) 서울신문 1949년 4월 16일.
29) 동아일보 1949년 1월 23일.
30) 결의문 내용을 보면 1. 반민특위 간부 쇄신 요구 1. 반민특경대 해산 요구 1. 금후 경찰관에 대한 신분보장 요구 1. 右 요구 조건을 금후 48시간 이내에 관철되지 못할 시는 총퇴진을 단행함 등이다. 조선중앙일보 1949년 6월 8일.
31) 동아일보 1949년 6월 8일.
32) 동아일보 1949년 6월 8일.
33) 경찰은 재차 회의를 거듭하고 9천 경찰관은 요구가 관철되지 못할 경우에는 일치단결하여 계속 투쟁할 비장한 결의를 하였다 하는데 동 결의문 내용은 다음과 같다.
　〈결의문〉
　단기 4282년 6월 6일 오후 6시 서울시 경찰국 課·署·隊·校長 일동이 상정한 결의문을 절대 지지하여 만일 同文 요구사항이 관철되지 못하고 총퇴진할 경우에는 同生共死하는 境地에 있는 吾 4천 경찰관은 일치단결 총궐기, 목적 관철할 때까지 계속 투쟁할 것을 결의함. 단기 4282년 6월 7일. 서울시 경찰국

곧 선처하겠다며 동요치 말고 치안확보에 주력하여 달라는 약속을 하였다. 이에 서울시 경찰국 課·署·隊·校長들은 업무복귀를 선언하였다.34) 또한 6월 9일에는 鐵道警察隊도 서울시 경찰국 사찰과 경찰관들과 공동보조 취한 다는 결의문을 발표하였다.35) 이때 일반경찰들에 제기된 호소는 더 많은 봉급을 받기 위해 사임하자는 것이었다고 한다.36) 보통경찰은 생계비의 약

경무과 직원 일동 대표 경감 柳忠烈, 사찰과 직원 일동 대표 경위 金應天, 수사과 직원 일동 대표 경위 金元起, 보안과 직원 일동 대표 경위 崔天喜, 소방과 직원 일동 대표 경위 徐容錫, 경제과 직원 일동 대표 경위 趙□英, 통신과 직원 일동 대표 경위 權황動, 경무대 직원 대표 경위 韓淳榮, 중부서원 대표 경위 鄭仲鉉, 종로서원 대표 경위 孟英鎬, 서대문서원 대표 경위 李章魯, 동대문서원 대표 경위 李貴永, 성북서원 대표 경위 李善夏, 성동서원 대표 경위 朴玉來, 마포서원 대표 경위 朴大雄, 영등포서원 대표 경위 尹弼重, 용산서원 대표 경위 徐成律, 여자서원 대표 경위 黃南淑, 학교직원 대표 경위 洪承걸, 특경대원 대표 경위 李在一, 기마대원 대표 경위 金在德, 감찰실원 대표 경위 李亨馥. 연합신문 1949년 6월 9일.

34) 조선중앙일보 1949년 6월 10일.
35) 시경찰국 관하 課·署·隊·校長이 李대통령에게 결의문을 전달하자 이에 호응한 철도경찰대 본대(鐵警)사찰과원 일동은 요지 다음과 같은 격문을 시경찰국 사찰과로 전하여 경찰국과 공동보조를 취하고 있다 한다. 국가와 민족의 장래를 위하여 捨身奉公하고 있는 현직경찰관을 민족정기라는 미명하에 불법 체포하는 것은 천인이 공노할 만행이다. 吾國 首府 서울시경찰국 崔사찰과장 및 趙사찰주임을 구속한 것은 대체 누구와 무엇을 위한 행동인가? 吾等은 此에 격분을 不禁하는 바이다. 本月 5일 서울시경찰국의 반민특위 관계자 및 동 사무소를 포위·수색·검거한 것은 破邪顯正의 수호신인 경찰관으로서 의당히 취할 행위이며 오히려 晩時嘆이 不無하다. 隱忍自重에도 한도가 있는 것이다. 오등 일동은 山水明鏡과 같은 금번 처사를 전폭적으로 지지하는 동시에 滿腔의 경의를 표하는 바이다. 금후 여하한 사태가 발생하여도 애국 애족하는 경찰관의 결의와 布陣은 미동도 없을 것을 限死盟誓하는 바이다. 연합신문 1949년 6월 9일.
36) 〈The Specail Police incident of 6 June 1949〉, 《Police organization,1948-1949》, United States. Department of State 1948-1949(Records of the U.S. Department of State relating to the

10% 정도의 봉급을 받았기 때문에 봉급인상이야말로 경찰들의 관심을 유발시킬 수 확실한 방법이었던 것이다.

이 사건을 계기로 반민특위 활동은 위축될 수밖에 없었으며, 반민법의 원래 공소시한은 1950년 6월 20일까지인데, 이를 1949년 8월 30일로 단축하였다. 대부분의 거물급 친일파들이 병보석이나 기소유예 또는 무죄 등으로 석방되었으며, 이들은 이승만 정권에 의해 면죄부를 받았다.[37] 전 국민의 강력한 지지로 시작된 민족반역자 처벌은 305명의 체포, 221명의 기소, 종신형 1명과 사형 1명을 포함한 투옥 7명으로 끝났다. 그러나 7명의 투옥자도 모두 1950년 6월 한국전쟁 발발 전에 석방되었다.

특위에 체포되었던 일제시대 고등계 형사출신들인 김태석, 김영호, 노덕술, 이구범 등을 비롯하여 김덕기, 이성근, 최연, 노기주, 오세준, 정병칠, 최운하, 이성엽, 조응선 등은 대부분 미군정하 공산당 타도와 좌익탄압의 공로로 한국전쟁 전에 풀려났거나 다시 경찰직에 복귀하였다.

당시 친일 전력에 대한 비난이 거세어지자 상당수의 친일경찰출신 경찰 간부들은 정부 수립 후 육군헌병사령관이 된 田鳳德의 배려하에 육군 헌병대로 전직하여 진출하기도 했다.[38] 노덕술, 홍순봉, 김정채, 이익흥, 백원교, 윤우경 등이 대표적인 경우이다.

이상에서와 같이 정부 수립 후 친일파 청산을 목적으로 한 반민특위가 친일경찰들의 강력한 반발로 무산됨으로써 친일경찰에 대한 제도적 청산이 이루어지지 못하였다. 결국 일제경찰이 미군정기를 거쳐 정부 수립 후에도 특채라는 형식을 통해 계속적으로 임용되어졌으며, 정권이 바뀔 경우 숙청을 우려한 친일경찰들은 더욱 이승만 정권에 밀착되어져 갔던 것이다.

---

internal affairs of Korea, 1945-1949, File 895), p.5.
37) 서중석, 《한국현대민족운동연구2》, 역비사, 1996, 237-257쪽.
38) 조갑제, 앞의 책, 한길사, 1987, 60쪽.

제3절 경찰의 정치개입과 통제의 강화

이승만 정부의 강압적 지배는 경찰에 의한 정치공작과 정치적 비호가 그 수단으로 사용되었다.[39] 이승만 정권의 경찰이 수행했던 대표적인 정치공작은 각종 선거에 개입하여 영향을 미치는 것이었다. 경찰은 미군정기의 입법의회의 민선의원 선거과정에서부터 시작하여 제헌의원 선거와 이후 역대 대통령 선거, 국회의원 선거, 지방의회 선거 등 모든 선거에 개입하여 선거결과에 영향력을 행사하였다. 선거개입 이외에도 경찰은 이승만 정권기 전반을 통해 정치적 비중을 지닌 주요 사건에 적극 개입하여 직접적인 물리력을 행사하기도 하였고 간접적인 배후공작에 참여하기도 하였다. 또한 경찰은 반대세력에 대한 억압수단으로 사용되었을 뿐만 아니라 일선 행정기관에 대한 통제력을 확보하는 수단이 되기도 하였다.

경찰은 이미 제헌의원 선거에도 깊숙이 개입하여 후일 국회에서 그 폐해에 대한 비난이 제기되기도 하였다. 국회에서 한 의원은 제헌의원 당선자 가운데에도 선거 당시 경찰의 말할 수 없는 핍박을 받은 자들이 상당히 있다고 지적하였다.[40]

1950년 실시된 5·30선거를 앞두고 이승만은 민국당의 지지자였던 상공부 장관 윤보선과 교통부 장관 허정을 5월 초에 각료직에서 해임시켰다. 4월에는 국무총리 이범석 역시 해임되었는데, 이승만은 자신이 지명한 신성모가 국회의 동의를 얻기가 어렵자 국무총리 서리로 지명하였다. 또한 민국당 계열이었던 김효석 내무부장관을 경질함과 동시에 경찰에 대한 대대적인 인사이동을 통해 선거를 준비하였다. 이승만은 전임 김효석 내무장관이 경찰 내에 확립해놓은 조직을 분쇄하기 위해서는 경찰 수뇌부를 교체해야 한다는

---

39) Stewart Lone and Gavan McCormack, Korea since 1850(New York: St. Martin's Press.1994), p.104.
40) 국회사무처, 『제헌국회속기록』 1, 1327쪽.

신임 내무부장관 백성욱의 계획에 동의함으로써 경찰 내의 민국당의 세력을 더욱 축소시키고자 하였다.41)

이에 대해 미국 측에서는 미상원의 ECA지출법안 투표를 비롯해서 미국의 對韓정책에 상당한 영향을 미칠 것임을 통고하는 등 견제를 하였다.42) 이러한 미국 측의 반응은 민국당 측이 백성욱 내무장관의 경찰인사이동에 대해 미대사관 측에 호소하였기 때문이다. 즉 민국당의 지도자인 김성수가 찾아가 지금까지 단행된 경찰이동에 우려를 표시하고 추가 인사이동이 있을 것인데, 그렇게 되면 민국당의 장래에 심각한 영향을 미칠 것이라고 걱정했다는 것이다.43)

白性郁 내무부 장관은 취임 이후 34명의 고위 경찰 간부를 이동시켰는데 그중 5명은 사임을 권고했고 5명은 직위를 변경했다고 말했다. 백 내무장관은 현재 31개의 경찰서장 자리가 공석으로 되어 있는데 이 자리를 곧 메울 생각이라고 설명했다. 이들 공석 중인 경찰서장 자리를 메우는 과정에서 모두 약 90개 직위 변경이 있었으며, 여기에는 하위 서열의 승진이 포함되었다.44)

5월 4일 열린 전국 각 도지사 및 경찰국장 회의에서는 총선거 운영방침이 하달되었다.45) 5월 총선거를 시행하기 위하여 정부에서는 전국 각 도지사 및 경찰국장 회의를 열고, 이 회의에서 내무부장관은 전국에 특별경찰 감찰반을 파견하여 경찰의 정치적 활동을 포함한 부당한 행동에 관해 조사를 하도록 지시하였다. 만약 부당한 행위가 있을 경우 경찰서장들로 구성된 위원회의 보고를 거쳐, 이 위원회는 해당 경찰을 다른 직위로 보낼 수 있도록

---

41) FRUS 1950 vol. 7, 58-63쪽.
42) FRUS Vol. Ⅶ, May 1, 1950, pp.59~62.
43) 徐東九 譯編, 『韓半島긴장과 美國: 25年前과 오늘』, 大韓公論社, 1977, 78쪽.
44) FRUS Vol. Ⅶ, May 2 1950, pp.62~63.
45) 서울신문 1950년 5월 5일.

하였다. 이는 경찰에 대한 사실상의 감시를 의미하는 것이었다. 이 같은 경찰의 선거개입에 대한 지적이 계속되자 5월 12일 李承晩 대통령은 지방경찰 인사이동은 자유선거 분위기조성이 목적이라는 담화를 발표하였다.[46]

선거에 대한 경찰의 개입에 대한 우려에 대해 백성욱 내무부장관은 기자회견에서 「자유분위기를 확보하기 위하여 偏黨的인 경찰 간부들을 이동하였고 또 앞으로 경찰감시반을 편성하여 전국선거구에 파견하려고 하는데 이들은 경찰관을 비롯하여 공무원이 선거에 간섭하는 것을 엄중히 감시 적발할 것이다」라고 밝히고 있다.[47]

김태선 서울특별시경국장도 「선거문제에 관하여 항간에서는 경찰관리 혹은 국민보도연맹원들이 선거운동에 관여하여 편파적인 행동을 하지 않을까 우려하고 있음에 비추어 차제에 이에 대한 태도를 명백히 하고 절대로 자유분위기를 보장하겠다」고 한 다음 경찰의 선거에 개입한다고 하는 것은 좌익의 모략 때문이라고 하였다.

"첫째 지난번 5·10선거 때 관한 경찰관들은 선거를 방해하는 敵寇도배들을 분쇄하기에 여념이 없었다. 그런고로 편당적 행동을 취할 여가가 없었음에도 불구하고 일부에서는 경찰이 편당적 운운하는 것은 좌익의 상투적 모략인 것이다. 둘째 보도연맹원이 선거운동에 가담하는 행위가 있다면 그것은 보도연맹 본래의 사명에 배치되는 것으로 이에 대해서 누차 경고하였으며 관한 경찰관으로 하여금 맹원에게 교양을 실시하고 있다"고 밝혔다.[48]

한편 선거를 앞두고 5월 13일 국방부 정훈국에서도 15일부터 1주일간을 선거추진 방공방첩 강화주간으로 정하고 행사를 실시하였다.[49] 또한 5월 15일 공보처 선전대책중앙위원회는 선거촉진 방공방첩 강화주간을 설정하고 「

---

46) 서울신문 1950년 5월 13일.
47) 동아일보 1950년 5월 14일
48) 동아일보 1950년 4월 23일.
49) 서울신문 1950년 5월 13일.

공산주의 해부 전람회」, 「모의 첩보전」 등을 실시하는 등 선거에서 좌익을 배제할 것을 강요하고, 좌익에 대한 공포심을 국민들에게 심어주려 하였다.[50)]

그렇지만 선거운동 기간 가장 문제가 되었던 것은 좌익계와 중도계 후보들에 대한 경찰의 탄압이었다. 이승만 정권은 경찰에 의한 강압적 지배를 구축한 결과 좌익이 어느 정도 사라지자 중도파에 대한 집요한 공격을 행하였다. 선거운동 기간 동안 수십 명의 후보가 강제로 등록을 취소당했으며, 13명의 후보자를 국회의원 선거법과 국가보안법위반혐의로 구속하기조차 하였다.

이승만 정권의 중도파에 대한 이러한 반응은 이미 예견된 것이었다. 정부가 수립될 때부터 이승만 정권은 좌익뿐만 아니라 우익들조차도 단독정부 수립노선과 다른 견해를 펼 경우 이를 '불순 노선'이라 하여 철퇴를 가하고

---

50) 당시 공보처 선전대책중앙위원회가 선거촉진을 위해 실시한 행사의 내용은 다음과 같다. "「공산주의 해부 전람회」: 과거 군정 이래 現今까지 남한에서 발생한 폭동 及 형사사건에 관한 문건·서류(지령, 조직 등)·인물상태·사진·무기 등을 전시하여 남노당의 악행과 공산주의 음모를 폭로시키어 이들에게 대한 적개심을 앙양케 함(예 정판사위폐사건·국회프락치사건 등 대규모로 함). 「모의 첩보전」: 방첩주간 실시 중 실시. 기관 각 부처에서 독립적으로 임시첩보원을 지정, 각 관할기관 내에 잠입케 하여 기밀서류의 盜取 及 기밀의 탐지 등에 종사하여 취득된 재료를 주간 최후일에 관계원이 합석 공개하여 피해된 산하기관의 長에 주의를 권고하여 그 성과를 宣對위원회에 보고함. 「가장행렬」: 大靑團으로 하여금 스탈린·金日成·朴憲永·국회 프락치의원 등 기타 공산당 극렬분자와 인민군 폭도들로 가장하여 우리 국군에게 체포되어 끌려 다니는 풍자적인 가장으로 시가행진함. 「방공방첩 당선표어」: 공보처 내 선전대책중앙위원회에서는 방공방첩 사상을 강화하기 위하여 표어를 모집하였다. 이 표어는 5월 15일부터 동 월 21일까지 시행하는 방공방첩 강화주간에 전 국민이 사용하기로 되었다 한다. 1. 누설말자 軍機, 분쇄하자 모략 2. 간첩은 노린다. 당신의 불평을 3. 방첩으로 멸공, 국방으로 통일". 경향신문 1950년 5월 17일.

있었던 것이다. 예를 들어 김구가 사망한 뒤 한국독립당에서 『김구 주석 최근 언론집』(저자 嚴恒燮, 1949년 10월 30일 발간, 삼일출판사 발행)을 발간하자 당시 김태선 서울시 경찰국장은 이를 불온출판물로 맹비난을 하고 있음을 볼 수 있다.[51]

이승만은 5·30선거에서 중도파와 민국당세력에 대해 공세를 펴고 있는데, 중도파에 대해서는 좌익이라는 주장을 하였으며 민국당에 대해서도 개헌을 주장하는 것은 불순분자라는 식으로 공격을 폈다.

이승만은 5, 6월의 위기설을 주장하면서 중도파에 대한 공세를 하였다. 인터내셔날이 전 세계적으로 공산혁명을 일으키는 계획을 가지고 있고 2대 국회의원선거 시에 공산분자들이 어떤 행동을 할 지 우려된다고 주장하였다.[52]

이승만은 수차에 걸쳐 중도파와 공산당의 결탁을 경고하는 담화를 발표하

---

51) 金泰善 서울시 경찰국장은 "한독당은 소위 임정의 법통계승을 완강히 주장, 자파 일색의 정권획득에서 민족 총의와 국제적 승인하에 실시한 5·10총선거와 대한민국정부 수립을 單選單政이라고 반대 방해하여온 반면, 소위 남북정치지도자협상 운운의 미명하에 북한괴뢰집단과 동일 보조를 취하여 민족단결에 균열을 생기게 하였으며 또 전반의 신문발표와 같이 동 당은 남로당 특수선전공작대와 긴밀한 연락하에 대통령을 위시한 각료 외 군 수뇌부를 암살할 계획을 추진한 사실이 있다"고 주장하였다.

또한 『김구 주석 최근 언론집』은 "(1) (前略) 유언비어를 造出하여 단선단정의 노선으로 민중을 선동하여 유엔위원단을 미혹하게 하기에 전심전력을 경주하고 있다 (2) 경찰을 종용하여서 선거를 독점하도록 배치하고 인민의 자유를 유린하고 있다 (3) 남한에 있어서만 단독선거를 실시한다는 것은 민주주의의 파산을 세계적으로 선전함이나 다름없다고 본다 (4) 소련에 의존하여 인민공화국을 건설하는 것이 조국을 분열하는 반역자라고 하면서 자기 자신이 남한 단정을 수립한다면 그것은 무엇으로 규정하여야 옳겠나 (5) 그들은 그 추면을 가리기 위하여 반쪽선거·반쪽정부로써 중앙정부라 함이다" 등의 내용으로 대부분이 반국가적 반민족적이며 이북괴뢰집단과 상통된다고 하여 책자를 차압 처분하였다. 서울신문 1949년 11월 8일.

52) 자유신문 1950년 5월 20일.

였으며, 5월 24일부터 청주·대전·대구·부산·목포·광주·전주 등 각 중
요도시를 방문하고53) 중도파를 투표에서 배제할 것을 연설하고 있다. 연설
내용을 보면 아래와 같다.

"공산당은 총선거라는 기회를 통하여 국회에 침투하고 정부를 반대하기에
물심양면으로 노력하고 있다. 그들은 공산당이 아니면 그들을 동정하는 사람
이나 또는 정부시책을 반대하는 사람을 한 사람이라도 더 넣으려고 노력하
고 있다. 좌익이나 중도파는 단 한 사람에게 투표하려 하는데 우익진영은 난
립하여 싸우고 있다. 정부는 자유분위기를 보장하기 위하여 이들에게 간섭하
지 않으나 애국동포들은 투표로써 이러한 자들을 배제하여야 한다. 그리고
만일 당선된 불순분자들이 국회에서 개헌이나 다른 운동을 일으킬 때는 투
표한 국민들이 소환하기 바란다."54)

또한 이승만 대통령은 서울방송국의 방송망을 통하여 이번 선거에 대한
본인의 의도를 몇 가지 피력한다고 전제하면서 중도파에 대한 자신의 입장
을 다음과 같이 밝히고 있다.

「……이번 제2회 총선거가 긴요한 이유는 공산분자들이 이 기회를 이용
해서 공산당 사람이나 그 동정자나 그렇지 않으면 좌우익 중간노선을 다 막
론하고 정부에 대한 불평분자 하나라도 더 拔選되게 만들어서 국회 내에 들
어가 정부와 충돌을 해서 민주국의 질서를 혼란시켜 가지고 반정부분자들이
득세하려는 것을 유일한 목적으로 삼고 지금 외국재정을 얻어다 가는 돈을
물쓰듯하며 사람을 꾀고 달래고 싸우기에 대활동을 하고 있는 중……」이라
고 하면서 유권자들이 이에 속히지 말기를 당부하고 「선거에 대한 불평이나
불만을 가지고 투쟁하거나 분란을 일으켜서 온건한 태도를 잃어버리거나, 또
는 정치관리나 군경의 간섭으로 자유분위기를 손상시켜서는 안 되겠다」고

---

53) 서울신문 1950년 5월 25일.
54) 자유신문 1950년 5월 26일.

하였다.55)

이승만은 5월 27일 광주를 방문하여 연설하는 자리에서도 중도파·개헌파를 불순분자라고 공격하였다.56) 즉 중도파도 개헌파도 용인할 수 없으며, 정부의 기반을 흔들어 놓고 또는 파괴하려는 불순분자에게 투표해서는 안 된다는 것을 강조하였다. 대통령책임제의 헌법을 내각책임제로 뜯어고치려는 개헌은 곧 정부에 반기를 드는 것이라고 하면서 민국당에 대한 공세도 늦추지 않고 있다.

경찰도 선거를 앞두고 중도파들을 낙선시키거나 후보를 사퇴시키기 위해 이들이 남로당원과 내통하고 있으며, 남로당원을 애국자로 가장시켜 입후보시키고 있다고 발표하는 등57) 집요한 공격을 수행하였다. 5월 18일 치안국 사찰과에서는 중도파정당에 침투한 남조선노동당 프락치를 검거하였다고 발표하였다.58) 치안국 사찰과에서는 1949년 10월 초순부터 소위 중도파들과 내통하고 있는 남로당 프락치 총검거에 착수하여 이미 중간당에 침입 공작하고 있던 100여 명의 남로당 프락치를 검거, 18일 마지막으로 농민당 내 남로당 프락치 韓丙奎·朴鍾燮·宋澤元·尹弘燦·李世民·崔元弘·洪在現·崔賀巨里 등 8명을 검거하였다고 발표하였다. 또한 신생회·사회당 내의 프락치도 다수 검거, 13개 정당에 잠입한 남로당 프락치를 총검거하였다고 발표하였다. 5월 18일 발표된 좌익 관련 총선거 입후보자 전국 검거상황을 보면 2일부터 18일 현재까지 210개 선거구에서 체포된 입후보자의 수는 이미 10명에 달하였고, 선거운동자의 검거도 25명에 달하였다.59)

---

55) 解放20年編纂會, 『解放20年』, 世文社, 1965, 343 - 344쪽.
56) 서울신문 1950년 5월 29일.
57) 조선일보 1950년 5월 13일.
58) 연합신문 1950년 5월 21일.
59) 피검된 입후보자의 성명과 죄명 및 선거운동자의 각 도별 피검상황은 다음과 같다.
　　〈입후보자 피검〉양주 金正濟(보안법), 성동 金成律(〃), 강화 金福一(〃), 이천 蔡龍煥(〃), 청원 吳明玉(〃), 제천 玄英駿(형법), 대구 孔元相(보안법), 金陵 許(〃), 남해 金錫鍾(〃), 강진 朴斗萬(형법).

5월 26일 金泰善 서울시 경찰국장은 출입기자단과의 회견을 통해 金朋濬·崔東旿·元世勳 등 9명 입후보자의 좌익관련혐의를 발표하였다.[60] 좌익

〈선거운동자 피검〉 서울(보안법 2명), 경기(선거법1명, 보안법 6명), 충남(선거법 3명, 보안법 1명), 전남(선거법 5명, 형법 1명), 경북(선거법 1명, 보안법 2명), 경남(보안법 1명). 서울신문 1950년 5월 21일.

[60] 金泰善 서울시 경찰국장이 발표한 9명 입후보자의 좌익관련혐의는 다음과 같다.

(1) 성동 갑구 입후보 金成律은 금년 7월 초순경 우리 한국을 적색제국주의 소련의 위성국가화할 목적으로 남로당 전위대인 民愛靑에 가맹, 서울특별시 성동구 南舞鶴洞分會를 조직 결성, 동 분회위원장에 취임, 동 선전부장 朴成根, 조직부장 金東熙, 맹원 金東蓮·朴仁秀·李重德 등과 함께 남로당의 당시 과업인 미소공위 절대 성공, 남조선 군정 타도 등의 불온 삐라문 及 벽보 등을 남무학동 일대 주택 及 電柱 등에 첨부함을 위시하여 맹원 획득, 양민에 대한 기만 선동, 소위 무산대중 해방 등 미명하에 민족분열 망국책의 적색극빈혁명화를 기도, 그 목적 실천에 활동 중인 자로, 과거 5·10선거 당시에는 대한민국정부 수립을 국토 兩斷을 항구화하는 비극이라고 비방, 북한을 찬양지지, 今次 총선거에는 합법·비합법의 양면작전으로 대한민국을 전복시키려는 계속적인 음모를 획책하여 무소속을 표방, 입후보 출마한 자로 본 5월 19일 국가보안법 위반으로서 1건 서류와 함께 구속 송청되었다.

(2) 시내 성동 을구 입후보자 김형규는 과거 민전 산하단체인 기독교동맹원으로 활약하였던 자로 소위 남북당원 朴泰運·千秋聲松 등 수 명과 모의하에 지하 세포조직체를 구성, 今 4월 7일부터 5월 상순 경 극장 관리인 金福山, 동 사무원 노영선 등 선거운동원에게 15만 원을 수교함은 물론 성동구 상왕십리동 소재 요리점 조선관 등에서 누차 保聯員 등 선거인에게 향응한 사실이 판명되었으므로 선거법 제98조 제1호·제2호·제4호에 의거 5월 19일 1건 서류와 함께 불구속 송청한 자임.

(3) 시내 중구·을구 입후보자 崔東旿는 민족자주연맹 상무위원·중앙신문사 회장 등을 역임한 자로 금반 총선거에 입후보함에 있어 단기 4245년 서울사범학교 및 4247년 보성전문학교 졸업을 허위로 선거 선전문에 기재 선전하는 一方, 사무장 朴泰燮, 동 총무 金明根, 동 선전부원 羅英, 동 비서 李圭燮, 동 선거운동원 玄國

貞, 동 金福源 등은 이에 호응하여 입후보자 최동오의 당선을 꾀할 목적으로 前示 최동오의 학력에 관하여 허위의 사실을 공표 또는 공개케 한 바 사실이 유함으로 선거법 제109조 해당 사범으로서 去 5월 23일 불구속 송청(그중 이규섭 구속)하였다.

(4) 성동 갑구 입후보자 金朋濬은 민전 산하단체인 전 신진당 당수이며 현재 민련 선전국장으로 금차 총선거에 있어 당선, 의회투쟁을 기도하에 보성전문학교를 졸업한 사실이 전무함에도 불구하고 동 교를 졸업하였다고 허위의 사실을 선전문에 기재공표 또는 공표하게 하였으므로 선거법 제109조에 基據 선거위반 사범으로서 본 5월 26일 불구속 송청하였다.

(5) 양주 갑구 입후보자이었던 金正濟는 단기 4281년 11월 남로당에 가입, 내무부 치안국 프락치責으로 피임되어 현재에 至한 자로서 동 국 보안과장 또는 경무과장으로 재직함을 奇貨로 국가 각종 기밀정보를 密探 상부 당원 邦仁植을 통하여 매국도당인 남로당에 課約함을 위시하여, 동 4282년 8월경에는 북한괴뢰집단의 소위 남벌군자금으로서 일금 2만 원을 납부하는 등 괴뢰와의 연락을 揮知 去 5월 2일 당 서울특별시 경찰국에서 검찰 죄상 명백으로 구속 송청하였다.

(6) 공주 을구 입후보자인 문리대학 교수 柳應浩는 단기 4282년 5월 상순 남로당 중앙특수조직부 당원으로 입당한 후 당원 획득과 당 기금 조달, 국가기밀 내탐 소집에 맹활동한 자로, 단기 4283년 5월 중순경 하부 당원 鄭進永으로부터 징수 조달한 당 기금 6만 원을 시내 중구 장충동 1가 31번지의 11호 丁新在 자가에서 상부 송 모에게 교부하고 동년 9월 상순경 하부 당원 정진영·柳根榮·尹錫萬 등 3인으로부터 당 기금 35만 원을 징수 조달하여 상부 황모에게 납부, 그 후 무려 수차에 亘하여 거액의 당 기금을 징수 조달함은 물론 하곡수집·정부방출미 등 국가 식량사정에 관한 정신, 기타 제반 기밀을 내탐, 북한괴뢰집단에게 제공하는 등 전율할 죄상을 거듭하면서 금차 총선거에도 남북로당의 최후 발악적으로 몽상하는 바 합법대중투쟁에 호응, 국회 내에 침투공작을 맹렬히 추진하여 대한민국정부를 전복 내지 파괴하려는 음모하에 무소속을 가장, 입후보 출마한 자로 엄중 문초하 국가보안법 위반으로 구속 송청하였다.

(7) 당 서울시 경찰국에 피검된 대구 병 선거구 입후보자 孔元相은 단기 4280년 11월 상순에 남로당에 가입, 남로당 경북도당 특수

관련 혐의라고는 하지만 최동오와 김붕준의 경우는 학력을 허위로 기재하여 불구속 송청을 하였으며, 원세훈의 경우도 선거사무장의 좌익혐의에 문제가 있는 것이었다. 선거를 앞두고 단순히 혐의만을 가지고 공개적 발표를 하여 이들을 선거에서 배제시키려는 의도였다고 볼 수 있다.

5월 27일 치안국 사찰과에서는 중간정당에 침투한 남조선노동당 특수부 조직사건 관련자를 검거했다고 발표하였다.[61] 1949년 10월 19일 남로당 특수부 조직책 金漢景과 洪元常, 동 블록책 林大用 등을 레포선에서 검거한 것을 계기로 1950년 2월 하순까지 19개 정당·단체의 프락치 및 특수부 행동대 등을 100여 명 검거하였다고 발표하였다. 즉 그동안 농민당과 민주독립

과 프락치로서 동 당 지령에 의하여 소위 남북통일 인민공화국 수립을 기도하, 각 정당·사회단체 及 관공리 등에 프락치 잠입 역할을 감행, 현 정부와 경찰 기타 군부관계 등 기밀을 남로당에 연락 及 제시, 금차 5·30총선거에는 남한의 좌익에 혁명적 투쟁을 방조하는 한편 전 국회의원으로서 남로당의 투쟁을 합법화한다는 妄想하에 국회의원 입후보 등록을 감행한 자이다.

(8) 경북 金陵郡 선거구에서 입후보 등록한 許은 4280년 11월 남로당에 가입, 동 당 경북도당 조직부 특수과원으로서 경북도청 공보과장의 직에 있으면서 남로당 지령에 의하여 동 당 기관지 민성일보 당 기관잡지 무궁화 등 출판에 적극 원조 편의를 도모하였고, 정부 기밀을 수집 남로당에 제공 첩보를 거듭한 자로 합법 비합법의 양면작전으로써 대한민국을 전복할 음모하에 입후보 등록한 자로 당국에 피검, 구속 송청된 자임.

(9) 중구 갑구 입후보자인 민족자주연맹 정무위원 元世勳의 선거사무장 車鼓東은 남로당 프락치로 조선농민당에 잠입, 동 당 중앙위원으로 피임, 북한의 8·15총선거 연판장 작성, 대의원 선출 파견 등 공비 金日成의 走狗로 맹활약 중인 자로 금차 총선에 있어 국회 내에 다수한 좌익 및 동 계열의 침투공작을 치열히 전개, 대한민국정부를 의회투쟁으로써 전복하려고 각종 형태의 획책을 모의중임을 탐지, 당국에 피검하여 엄중 문초 중 죄상 명백으로 속속 그 배후인물을 엄탐 검거 중에 있음. 한성일보 1950년 5월 27일.

61) 서울신문 1950년 5월 28일.

당에 남로당 프락치가 침투하여 암약해 왔으며 5월 8일 민주독립당 프락치 책 尹炳燦 이하 3명과 농민당 프락치책 孫澤元 이하 6명을 검거하여 계속 수사하던 중 某의 선거사무장으로 활약하던 남로당 프락치책 張景路를 5월 25일에 검거함으로써 중간정당 프락치사건은 일단락을 보게 되었다고 하였다. 내무부 치안국에서는 이들 남로당 특수조직부의 행동내용에 관하여 다음과 같이 발표하였다.

남로당은 난립한 중간정당·사회단체를 이용할 목적으로 특수부 조직책 임대용 및 부원 權整植·尹容基 등 3명으로 하여금 중간정당 프락치 조직에 착수케 하였다. 이들 3명은 남로당 지령에 의하여 무수한 블록책과 오르그를 배치하고 그 밑에 각 정당 프락치책을 두어 지도 통제케 하였으며 그들이 침투에 성공하여 남로당 노선에 추종토록 조종한 정당 및 사회단체는 靑友黨·사회당·대한노농당·민주한독당·민족공화당·민족자유연맹·민주동맹·健民會·신생회·민족대동회·근로대중당·민주독립당·대한농민연맹·근로인민당·농민당·新進黨·사회민주당·한국독립당·독립노농당 등 19개에 달한다. 이들 남로당 중간정당 프락치의 중요한 활동을 열거하면 다음과 같다.

1. 1948년 4월 중소정당으로 하여금 남북로당을 주동으로 개최한 남북협상을 지지 추진케 하였으며 金九씨, 金奎植 박사를 비롯하여 呂運弘·金朋濬·元世勳·趙素昂씨를 월북하도록 공작하는 데 성공하였다.

2. 중소정당으로 하여금 5·10선거를 單選으로 규정하고 5·10선거를 보이코트하라는 남로당 지령에 의하여 선전담화를 발표하도록 공작하여 간접적으로 선거를 방해하였다.

3. 1948년 8월 소위 남조선 지하선거 실시 시에는 중간정당·단체로 하여금 連(電文 불명)을 수립하여 이성화가 이에 주재하는 남조선 지하선

거 지도위원회에 제출하라는 지령에 의하여 連判狀 수립공작에 성공하였다.

4. 1948년 8월 25일 북한 해주에서 개최한 소위 인민대표자대회에 중소정당隊로 하여금 대표를 파견하였으며 소위 북한 최고인민회의 의원 100여 명을 당선케 하였다.

5. 1948년 12월 북한에 주둔한 소련군이 철퇴하였으니 남한도 미군 철퇴를 주장하라는 남로당의 지령에 의하여 각 중소정당·단체로 하여금 성명·담화 등을 발표하도록 강조하였다.

6. 1949년 4월 중소정당·단체로 하여금 미군의 철퇴를 요청한다는 메시지를 유엔한위에게 제출하라는 지령에 의하여 공작을 전개하여 메시지를 제출케 하였다.

7. 1949년 6월 소위 조국통일민주주의전선 결성 시에는 祖統결성의 제안서를 각 중소정당·단체에 배포하는 동시에 조통결성을 지지한다는 결의문을 각 정당·단체를 하여금 작성 제출케 하였으며, 조통결성대회에 대표를 파견하도록 공작하여 35명의 대표를 월북시켰으며 조통결성대회에서 채택한 선언서를 광범위하게 선전하였다.

8. 1949년 7월 미 군사고문단의 철퇴를 주장하는 메시지를 유엔한위에 제출하는 동시에 대중으로 하여금 이를 지지케 하여 여론을 환기시키라는 지령의 공작을 전개하여 메시지를 유엔한위에게 제출하였다.

9. 1949년 9월 북한 인민군이 4월에 입성할 것이니 환영준비위원회를 조직하여 준비위원회는 중간정당·단체 요인을 참가시키라는 지령에 의한 공작을 지하에서 맹렬히 추진시켰다는 것이었다.

이상의 내용을 金泰善 서울시 경찰국장이 1950년 5월 27일 성명을 통해 발표하였으며,62) 경찰국에서는 서울지방검찰청 검사 지휘하에 시내 성북구에서 입후보한 趙素昻을 비롯하여 崔東昑(중 을구)·金朋濬(성동 갑구)·元世勳(중 갑구)·劉錫鉉(鍾 갑구)·金燦(龍 갑구)·朴建雄(용 을구)·尹琦燮(서 을구) 등63)을 모종 혐의로 호출 문초하였다고 발표하였다.64) 또한 5월 27일 총선거 입후보자 崔東昑는 불구속 기소되었다.65) 이러한 경찰 측의 발표를 통해 당시 선거과정에서 중도파들에 대한 탄압이 얼마나 자심하였는지를 알 수 있다. 이 같은 선거 분위기에 대하여 주한미대사 무쵸도 "정부는 분명히 이른바 중도파 후보들과 일부 무소속 후보들을 실질적인 공산주의자이거나 아니면 공산주의자가 될 성분을 가진 사람들로 간주하고 있으며, 중도파 후보들에 대한 방해행위와 선거운동원의 검거 등이 이루어지고 있다"고 지적하고 있다.66)

선거기간 동안에 질서유지에 관계하던 미 대사관 관리들은 초기에 할당된 담당구역을 순회한 후 경찰관들을 교체하여 다시 순찰을 돌게 하려던 계획을 중지시키려 했다. 또한 그들은 좌익계 후보자와 지지자들에 대한 탄압을 완화하도록 이승만을 설득했다. 결국 경찰은 좌익계와 중도계 후보자들에 대한 체포작업을 중단했지만 대신에 "문의할 것이 있다거나 신문에 게재된 내용이 사실인가를 확인한다는 식으로 그들을 불러들이는 새로운 방법을 채택했다."67)

이상에서와 같이 중도파에 대한 경찰의 대대적인 탄압에도 불구하고 선거 결과 국민들의 중도파에 대한 지지는 높은 것으로 나타났다. 이는 결국 경찰이 중도파를 좌익으로 몰아세우는 것에 대한 반발로도 볼 수 있을 것이다.

---

62) 서울신문 1950년 5월 28일.
63) 연합신문 1950년 5월 29일.
64) 조소앙과 김붕준은 몸을 피해 이 수사에 응하지 않았다고 한다. 서중석, 앞의 책, 1996, 역사비평사, 315쪽 재인용.
65) 경향신문 1950년 5월 28일.
66) FRUS Vol. Ⅶ, 1950, pp.89~92.
67) 뉴욕타임즈, 1950년 6월 1일.

조소앙이 출마한 성북구에는 민국당의 조병옥이 출마하였다. 조병옥은 경찰을 동원하여 조소앙의 선거운동을 방해하여 선거운동원 83명이 성북경찰서에 구금되기도 하였다.[68] 그러나 조소앙은 3만 4,035표를 얻어 전국에서 최고득표를 하였으며 조병옥을 무려 1만 3,498표로 이겼다.[69]

김붕준이 출마한 성북갑구에는 민국당의 이청천이 출마하였다. 김붕준은 경찰의 소환을 받았지만 이에 응하지 않고 피신하여 사퇴하였다는 소문이 돌기도 하였다. 선거 후 개표에서 1천여표차로 이청천에게 패배하였는데 투표함이 바꿔치기 되었다는 의혹이 있었으나 김붕준의 만류로 소송을 하지는 않았다.

중구에 출마한 최동오는 경찰의 압력으로 후보직을 사퇴하였다. 그러나 사퇴하였음에도 총투표수 2만표 가운데 1만 2천표가 무효표가 될 만큼 그에 대한 지지는 높았다.[70]

특히 부산에서 중도파들에 대한 탄압이 심하였는데, 5월 25일 부산을구에 출마하였던 張建相이 국가보안법 위반혐의로 체포되는 등 5명의 입후보자가 검거되었으며, 26일까지의 도내의 선거위반자 적발 건수가 32건, 구속인원은 50여 명이나 되었다.[71] 이 결과 부산지역에서는 두 명의 후보자들이 옥중 당선되기조차 하였다.[72] 부산진구에서 출마한 장건상은 2만 6천여 표로 전국 4위의 다득표를 기록하였고 차점자와는 무려 2만여 표의 차이가 났다.[73]

이처럼 5·30선거에서 중도파에 대한 경찰의 공세가 집요하였음에도 불구

68) 서중석, 앞의 책, 316쪽.
69) 서울신문, 1950년 6월 2일.
70) 강원룡, 『빈들에서 1』, 열린문화, 1993, 284 – 285쪽.
71) 자유민보 1950년 5월 25일.
72) 경향5 문 1950년 5월 31일.
73) 宵海張建相 資料集: 愛國志士 大韓民國臨時政府 國務委員, 宵海 張建相先生 語錄碑 建立會, 牛堂, 1990, 74쪽.

하고 결과적으로 보았을 때 중도파들이 다수 당선되었다. 즉 5 · 30선거를 통해 210명의 국회의원들이 선출되었는데, 이 가운데 전체의 60%를 차지하는 126명의 당선자가 무소속이었다.[74) 중도파 인사들은 10여 명이 당선되었으나 이들은 모두 정계의 거물이라고 할 수 있는 사람들이었다. 조소앙이 전국에서 최다득표를 하고 대부분의 인사들이 압도적으로 당선된 것을 볼 때 이들 중도파들에 대한 지지가 높았음을 알 수 있다.

선거결과 민국당은 154명이 출마하여 24명이 당선됨으로써 참패하였다. 특히 민국당의 지도자급 인사들인 서상일, 김동원, 조병옥, 홍성하, 김도연, 백남훈, 이영준, 백관수, 함상훈, 김준연이 모두 낙선하였다. 또한 친이승만계인 대한국민당도 최대의 후보자를 출마시켰지만 당선자는 24명에 불과하였다. 그러나 선거 후 민국당은 친민국당계열 인사들을 끌어들여 40−60석을 확보할 수 있었고, 이승만은 자신을 지지하는 대한국민당뿐만 아니라 국민회, 대한청년단, 대한노총, 일민구락부, 대한부인회 등을 합쳐 최소한 57석을 확보할 수 있었다.[75)

이상에서와 같이 선거과정에서 야당 후보와 운동원, 지지자들은 국가보안법위반 혹은 선거법위반의 명목하에 체포되었으며 후보자 등록방해 등 여러 가지 장해하에서 선거를 치루었지만, 결과는 야당세력의 강화였다.[76) 2년에 걸친 이승만 정권에 대한 심판의 의미를 지니는 제2대 국회의원 선거 결과는 경찰을 동원한 통제와 국민 동원장치에도 불구하고 이 정권에 부정적인 것으로 드러났다.

---

74) 총 의석 210석 중 126석 무소속, 대한국민당 24석, 국민회 14석, 대한청년단 10석, 일민구락부 3석 대한노총 3석, 여자국민당 1석, 대한부인회, 중앙불교위원회 1석(여당계 57석), 민주국민당 24석, 사회당 2석, 민족자주연맹 1석(계27석)이 당선되었다. 中央選擧管理委員會,『大韓民國選擧史』, 1968, 347쪽.

75) 서중석, 앞의 책, 317−318쪽.

76) 경향신문 1950년 6월 2 · 3일.

한국전쟁 중 기존의 군사 경찰적 성격에 더해 정치적인 색채를 더욱 강화했다. 이 기간은 이승만이 정치적으로 기존 제도에서의 자신의 정치생명에 한계를 느끼고 전쟁이라는 특수상황을 이용하여 초법적인 방법으로 정치체제를 바꾸어가던 시기였으며, 이를 위해 경찰은 당장에 필요한 물리력으로서 대단히 유용하게 쓰이게 되었다.

이승만은 한국전쟁 중 임기 말을 맞자 개헌을 통해 재집권을 꾀하고 있었다. 그러나 1952년 1월 16일 「개헌은 전 민중의 切望」이라는 담화77)를 발표하면서 국회에서 개헌안이 통과되도록 압력을 가하였음에도, 1952년 1월 18일 국회는 정부의 개헌안을 재석의원 163명 중 부 143, 가 19, 기권 1의 절대다수로써 부결시켰다.

이렇게 되자 이승만은 경찰을 통한 국민동원과 국회의원 소환, 지방의회 선거 등을 통해 국회에 대한 우회적 공격을 전개함과 동시에 경찰을 직접적으로 동원하여 개헌안을 통과시킬 것을 계획하게 되었다.

우선 이승만과 원외자유당은 대한청년단·국민회·대한노총 등 18개 사회단체를 규합하여 '개헌안부결 반대 민중대회'를 개최하는 한편 국회의원 소환운동을 전개하기 시작하였다. 4월에는 '내각책임제 개헌안반대 전국정당투쟁위원회'가 조직되었으며, 당시 임시수도였던 부산에는 백골단, 땃벌떼 등 정체불명의 폭력단이 주도한 데모가 줄을 이었고, 이어 5월 23일에는 이들 단체들이 국회를 포위하고 국회해산을 요구하는 데모를 벌였다. 당시 국회의원에 대한 소환대회는 각 선거구에서 국회의원환영 군민대회 농업증산 군민대회 등 명목으로 열렸다.78) 이러한 소환대회에서는 내각책임제 개헌안에 서명한 국회의원들을 공개적으로 성토하였다. 이와 관련해서는 1952년 4월 30일 대한청년단 단장 안호상 명의로 각 지부단장 앞으로 보낸 지령문을 보

---

77) 대한민국공보처, 「최근정계 동향에 대하여」, 『大統領 李承晩博士談話集』제1집, 1953, 152쪽.
78) 釜山日報社 企劃硏究室 編, 앞의 책, 1984, 290쪽.

116

면 소환대회를 개최하라는 등 이런저런 지시 끝에 해당 국회의원에 대한 6
개 질문사항을 명시한 것 등에서 잘 드러난다.79)

　다음으로 이승만은 지방의회 선거를 실시하였다. 원래 지방자치법은 1949

---

79) 국회의원에 대한 6개 질문사항을 보면 다음과 같다.
　"(문 1) 정부 측에서 제출하였던 개헌안(대통령직선제·상하양원제)에
대하여 가표를 하였나 또는 부표를 했나? (문 2) 찬성 또는 불찬성에
대한 이유는? (문 3) 헌법개정은 대단히 중요한 문제인데 어째서 군민
에게 묻지도 않고 부결했는가? (문 4) 이 같은 독단적 행위에 대하여
이 자리에서 사과할 용의가 있는가, 없는가? (문 5) 이번에 제출된 소
위 내각책임제개헌안 제출에 찬성 날인하였나, 안하였나? (문 6) 만약
찬성 날인했다면 이 자리에서 날인을 취소하겠다고 약속하겠느냐?
놀라운 것은 각 문항마다 붙어있는 예상되는 답변에 대한즉석 처리방
법이었다. 지령문은 6개 문항 하나하나 마다 끝에 주를 달아 놓았다.
(주 A) 사과하는 의원에 대하여는 개헌안 기타 중요한 문제에 관해서
는 군민의 의사를 청취한 뒤 의사표시를 하겠다는 서약서를 쓰게 하
거나 대중이 보는 앞에서 약속시킬 것. (주 B) 사과치 않는 의원에 대
하여는 즉시 불신임안을 제출하는 동시에 보궐선거를 실시할 것을 대
통령과 국회의장에게 강경히 요구하는 결의안을 채택할 것. (주 C) 내
각책임제 개헌안을 찬성한다고 말할 경우에는 「우리 군민은 절대 반
대다. 어떻게 할 것이냐」고 대들면서 날인을 취소하는 동시에 취소했
다는 사실을 성명서로 발표할 것을 요구할 것. (주 D) 자기 군 선거구
민의에 의하여 개헌안을 반대한다는 것을 신문지상에 성명서로 광고할
것을 요구할 것. (주 E) 군민대회에서는 「어느 의원이 개헌안을 절대
반대하였으므로 우리는 그 의원을 계속 지지할 것」이라는 내용의 전
단 또는 포스터戰을 전개할 것. (주 F) 만약 이에 불응하는 의원은
거꾸로 「우리 군민이 절대 반대하는 개헌안을 지지하는 자임으로 불
신임한다」는 전단 또는 포스터 戰을 전개할 것. 6개의 주를 달아놓은
지령문은 맨 마지막에 두 개의 주의사항을 덧붙였다. 1) 이상의 질의
사항을 전개함에 있어 장내의 분위기를 포착하여 질문순서 및 내용을
적당히 가감하거나 변경할 것. 2) 기타 지방에 중요한 안건이 있을 때
는 적의 조정하여 자연스럽고 神妙하게 유종의 미를 거둘 것." 경남
밀양 갑구 출신 국회의원 최성웅 씨의 대한청년단 지령문 폭로는 이
튿날 일간지에 크게 보도 이 때문에 국회의원 소환대회는 자취를 감
추었다고 한다. 釜山日報社 企劃研究室 編, 앞의 책, 1984, 292쪽.

년 제정되어 1950년 12월 선거가 실시될 예정이었으나 정부 측에서 당시 유격대 활동 등 치안의 문제를 이유로 불법적으로 그 실시를 연기했었다.[80] 이승만은 지방의회 선거를 차기 집권에 활용하기 위해 2월 20일 국회의 개헌 부결을 성토하면서 接敵지역인 서울·경기·강원을 제외한 전국에 지방의회 선거를 실시할 것을 발표하였다. 이때 갑작스럽게 정부에서 지방의회 선거를 실시한 것은 국회의 위상을 격하시키고 지방의회를 통해 제도적으로 민의를 동원하여 국회의 활동 및 개헌추진을 위축시키려는 정치적 의도가 내포되어 있었던 것이다. 경찰은 1952년 4월 25일 시, 읍, 면의회 선거, 5월 10일 도의원선거에서도 기존 공조직뿐만 아니라 각지의 폭력조직 등을 동원하여 이승만의 압승을 이끌어냈다. 지방의회 선거 이후에는 지방의회를 이용한 민의 동원과, 여당 측의 의원 포섭공작이 동시에 진행되었다.

한편 이승만은 5월 14일 다시금 앞서 부결된 대통령직선제 및 양원제 개헌안을 다소 수정하여 국회에 제출하고 이의 통과를 위한 일련의 조치를 취하였다. 5월 24일 시위소동과 그에 따른 정국불안에 대한 시국수습을 이유로 이범석을 내무부장관에 임명하고, 그 휘하에 족청계의 홍범희를 내무부차관에 임명했다. 청년단출신의 원외자유당 인물들에게 전국의 행정조직과 경찰조직을 일임한 것이었다.[81] 또한 1952년 5월 25일 서울시 경찰국장으로 있던 윤우경을 치안국장에 임명하였다.[82]

부산정치파동에서는 경찰이 전면적으로 동원되었는데, 경무대의 김장흥 경무관－치안국장－사찰과장으로 이어지는 선에서 모든 계획이 수립 시행되었다고 한다. 1952년 5월 초순부터 경무대 경무관 김장흥(경무관은 대통령

---

80) 서병조, 『政治史의 現場 證言』, 中和出版社, 1981, 372쪽.
81) 이승만은 이미 1952년 1월 말경 재일거류민단 교포지도단장으로 일본에서 활동 중이던 문봉제를 국내로 불렀다. 釜山日報社 企劃研究室 編, 앞의 책, 1984, 241쪽.
82) 윤우경, 『晚省錄』, 서울프레스, 1992, 297쪽.

경호실장 격)은 국회의원 성분분석 작업을 하였으며,[83] 당시 치안국장 윤우경, 헌병대 노덕술 중령은 장택상의 집에서 매일 회의를 하면서 부산정치파동을 진행시키고 있었다고 한다.

이승만은 5월 26일 비상계엄령을 선포하여 국회에 위협을 가했으며[84], 계엄령이 선포된 26일 아침 47명의 의원을 태운 국회통근버스가 동 의원들의 저항 속에서 헌병들에 의해 헌병대 본부로 견인되었다.[85] 소위 국제공산당의 비밀정치공작에 관련된 혐의라는 날조된 명목에 의한 것이었다. 이로써 반이승만계 의원이 감옥에 수감되거나 체포를 피해 숨어있는 상태에서 국회는 개헌논의의 결말을 볼 때까지 이승만의 임기를 연장한다는 결의안을 163 대 1로 가결하였다. 시간을 벌게 된 이승만 정권은 경찰을 동원하여 회기연장을 거부하거나 숨어있는 의원들에 대해 광범한 수색을 폈다.

이러한 5월 26일 부산정치파동에 대해 국내외적으로 비난과 압력이 있었다. 당시 육군참모총장이던 이종찬 장군이 이승만의 군투입 명령을 거부하였으며, 유엔한국위원단과 클라크 유엔사령관, 밴 플리트 미8군사령관의 방한이 잇따랐고, 6월 3일에는 "한국에서 민주주의를 수호하기 위하여 군·경 원조를 하고 있다"고 강조하는 트루만 대통령의 경고성명이 있었다.[86]

이 같은 상황에서 장택상을 중심으로 하는 신라회가 6월 20일 대통령직선제와 양원제 설치를 골자로 한 발췌개헌안을 제출하였다. 이 개헌안의 제출과 함께 국회에 불출석하는 야당의원들이 연행되고, 정족수를 채우기 위해

---

83) 釜山日報社 企劃硏究室 編, 앞의 책, 1984, 239쪽.
84) 계엄령의 선포에 대한 이승만의 각기 다른 이유 설명과 이에 대한 서민호의 반박은 FRUS 1952-1954 Part I, pp.252-256; 『국제연합한통일부흥위원단 보고서, 1952』 204-205.
85) 경향신문 1952년 5월 26일.
86) 부산정치파동 당시의 외국의 입장과 대응과정에 대해서는 나종일, 「1952년의 정치파동: 행정부, 의회, 군부, 외국의 상호작용」, 『한국정치학회보』 제22집 제2호, 1988, 211-218, 222-223쪽.

구속의원도 석방하였다. 결국 7월 4일 발췌개헌안은 기립표결을 통해 재석의 원 166명 중 가 163, 기권 3으로 채택되었다.

한편 5월 26일 부산정치파동에 대해 미국은 한국의 상황을 통제하는데 경찰과 군부가 핵심적 두 기둥이 된다고 인식하고 있었고, 과거 군사고문단이나 한국전쟁을 통해 한국군부는 장악하고 있지만 경찰을 장악하지 못한 점을 걱정하고 있었다.[87] 미국은 이승만이 청년단을 조종하거나 이들의 무장을 통해 한국군을 증강하려는 점을 경계하면서,[88] 경찰이나 청년단을 정치도구로 동원하여 재선을 위한 정치공작에 사용하는 것을 억지해야 한다고 판단하고 있었다.[89] 따라서 이승만이 경찰을 동원하여 부산정치파동을 일으키자 미국은 군부에 대한 영향력을 확고히 하는 선에서 더 이상 개입하지 않고 있다.

당시 이승만은 군을 효과적으로 통제하지 못하고 있었다. 육군참모총장 이종찬 장군, 헌병감 심언봉 준장, 작전국장 이용문 준장 등은 군의 정치개입을 적극 반대했다. 육본총장 이종찬 중령은 정치파동 때 대통령의 병력동원 지시를 거절했다. 이 때문에 이대통령은 계엄령을 발동하면서도 정규군대를 부산에 투입하지 못하고 그에게 충성을 바치던 원용덕 장군 휘하의 소수 헌병중대병력만으로 만족해야만 했다. 당시 육본 수뇌진은 이대통령의 병력동원명령을 따르지 않았을 뿐 아니라 계엄령 발동 자체를 반대했다. 때문에 이승만은 자신의 영향력 아래 있던 경찰을 전면적으로 동원했던 것이다.

발췌개헌에 성공한 이승만은 1952년 8월 5일 제2대 정·부통령 선거를 실시하였다. 경찰은 1952년 제2대 정부통령선거 시에도 부통령으로 출마한 이범석을 낙선시키고 이승만이 지지하는 함태영을 당선시키는데 결정적인 역할을 수행하였다.

---

87) 釜山日報社 企劃硏究室 編, 앞의 책, 1984, 249쪽.
88) FRUS 1952-1954 Part I, pp.64, 336.
89) FRUS 1952-1954 Part I, pp.47, 50.

개정된 헌법에 따라 실시된 제2대 대통령, 제3대 부통령선거의 결과는 이 승만과 경찰의 관계를 명료하게 보여준다. 자유당은 7월 19일 대전에서 전 당대회를 개최하고 이승만과 이범석을 정·부통령 후보로 지명하였다. 반면 정치파동에서 보여준 이범석의 조직능력에 경계심을 갖게 된 이승만은 국무 총리 장택상에게 자신이 함태영을 부통령후보로 지지하고 있음을 표시하였 다.

부통령후보 등록을 위해 내무부장관직을 사임한 이범석에 이어 신임 내무 부 장관에 취임한 김태선은 7월 27일 취임식에서 경찰이 특정 부통령후보를 지지한다는 정보가 있음을 밝히고 이는 대한민국을 경찰국가로 오인하게 하 는 원인이 되는 것이라고 논박하면서 이에 단호히 대처할 것을 천 명하였다. 이범석이 내무부장관 재직 시에 이승만·이범석 정·부통령 후보의 당선을 위해 동원되었던 경찰의 태도가 돌변하기 시작했다.90) 장택상 국무총리는 김태선 내무부장관을 불러 전국도시사와 경찰국장을 소집하도록 하고 28일 상오 10시 경남도청 회의실에서 전국 각 도지사와 경찰국장 모임을 가지고 선거상황을 지휘했다.91) 이어 이범석 계열의 경찰 숙청을 위해 28일 경찰 간부의 인사이동92)을 단행하였으며, 8월 1일에는 총경급의 인사이동93)을 속 행하였다.

미군정 때 수도경찰청장을 지낸 장택상은 경찰의 내부사정을 잘 알고 전 국적인 막강한 조직을 갖고 있는 이범석을 낙선시키기 위해서는 경찰을 이 용할 수밖에 없다는 사실을 알고 있었다. 장총리의 손을 거쳐 함태영 후보의 선전 팸플리트가 경찰조직을 통해 전국적으로 배포되었고 이범석 후보의 선

---

90) 동아일보 1952년 7월 28일.
91) 釜山日報社 企劃硏究室 編, 앞의 책, 1984, 466쪽; 동아일보 1952년 7월 29일.
92) 동아일보 1952년 7월 29일.
93) 동아일보 1952년 8월 1일.

거벽보가 찢겨지고 이후보의 선거운동원들이 아무런 이유를 설명 듣지 못한 채 경찰서나 혹은 술집 안방에 연금되었다. 함태영 후보의 당선과 이범석 후보의 낙선을 위해 최선을 다한다는 서약서를 장총리 자신이 전국 도경국장들로부터 이미 받아놓고 있었고 도경국장들은 산하서장들로부터, 서장들은 휘하의 계장급 이상 간부들로부터 같은 내용의 서약서를 받도록 했었다.

선거를 5일 앞두고 이범석 부통령 옆에 붙여져 있던 이대통령의 벽보가 내무장관의 명령으로 철거되기 시작하였다.[94] 이승만은 공보처를 통해 이것이 자신의 명령으로 이루어 진 것임을 공표하였다.[95] 8월 1일에 들어서자 이범석계 선거운동원이 선거법위반의 명목으로 20여 명씩 검거, 경찰에 연행되었다.[96] 8월 3일 이승만은 부통령후보 지명사실이 없음을 거듭 천명하였다.[97]

선거결과 자유당의 이승만과 무소속의 함태영이 각기 정부통령으로 당선되었다. 이승만은 총유효표 702만표 가운데 520만표 이상을 얻어 74.6%라는 압도적인 지지로 당선되었다. 이범석은 경기, 충북, 전남, 경북, 강원, 제주에서 졌을 뿐 서울, 충남, 전북, 경남에서 승리했다. 경남은 족청계를 바탕으로 한 원외자유당의 아성, 충남은 족청계인 진헌식이 지사였던 곳이다. 자유당의 조직을 총동원하고도 이범석이 낙선한 것은 당총재인 이승만이 당의 공천을 무시하고 함태영을 지지한 데에서 초래된 결과였다. 이 선거로 인해 다섯 개의 기간조직을 가지고 있는 자유당도 내무부 장관의 명령하에 있는 경찰력의 도움을 받아야만 선거에서의 승리를 보장받을 수 있음이 입증되었다. 또한 이러한 선거결과는 경찰이 한국에서 최고의 조직체임을 입증해 준 것이었다.[98]

---

94) 동아일보 1952년 7월 30일.
95) 동아일보 1952년 7월 31일.
96) 동아일보 1952년 8월 5일.
97) 동아일보 1952년 8월 3일.
98) 서병조, 『주권자의 증언』, 모음출판사, 1963, 153쪽.

　이렇게 경찰이 선거에 개입할 수 있었던 것은 선거법에 문제가 있었기 때문이다. 참관인 제도나 선거관리위원회 등 선거의 공정한 관리를 위한 야당의 주장은 채택이 되지 않았고 모든 선거종사자들이 관선으로 뽑혔으며, 그런 관계로 부정선거 내용이 국민에게 알려질 수조차 없는 상황이었다. 이런 선거법상의 함정은 3대 국회의원 선거 때까지도 그대로 지속되었고, 선거법이 고쳐진 건 4대의원 선거 때였다.

　한국경찰의 선거개입은 자체의 중립성이 상실된 데 기인하는 것으로 이것은 경찰의 인사, 조직관리, 운영 등이 선거주무부서인 내무부에 예속된 데서 비롯되었다. 특히 3급 이상의 중요한 경찰인사를 내무부 인사위원회와 징계사문위원회에서 관장함으로써 엄격한 의미에서 경찰관에 의해 설정되어야할 경찰인사가 외부인물에 의해 좌우되었던 것이다.

　한국전쟁을 거치면서 경찰은 군대에게 주된 무력적 독점을 넘겨주고 경찰이 내부의 적을 제거하는 일에 직접 역할을 하는 것과 더불어 정치에도 적극적으로 개입하게 되었다. 특히 부산정치파동을 거치면서 이승만은 개인적 목적을 위해 경찰력을 동원하고 있으며, 경찰은 전투원으로서의 역할과는 별도로 이승만의 독재를 강화하는데 커다란 역할을 수행했던 것이다.

맺 음 말

1948년 정부수립이후 1953년 한국전쟁 휴전에 이르기까지의 국가형성기의 이승만 정권은 경찰기구를 동원하여 반공체제를 극도로 강화시켜 나갔으며, 이러한 체제에 반하는 사회세력을 원천적으로 봉쇄하기 위해 사회전체를 전면적으로 통제 – 감시하는 체제를 구축했다.

정부 수립 이후 1948년 10월 여순반란을 계기로 국가보안법을 제정하면서 경찰을 대규모 증원하는 동시에 경찰국가화하는 양상을 보이고 있다. 이 시기는 경찰력의 확대·강화와 억압과 통제를 통해 국가의 질서와 안전이 유지되었다. 당시는 국민회 등 친정부 조직을 이용한 국민계몽운동의 전개와 국민반·유숙계 등의 통제기구를 이용해 사찰관행과 감시체제가 공산세력의 침투 방지와 불순분자 색출을 명분으로 정착되었다. 이승만 정권은 국민회와 청년단과 부녀단을 정부후원 기관으로 각 동리와 촌락에 세포조직을 물샐틈없이 조직해 놓고 어떤 집에서든지 타처 사람이 들어와 하룻밤이라도 자게 될 때에는 24시간 내로 경찰관서에 보고해서 조사하는 국민조직 강화를 강조하는 담화를 발표하는 등 통제의 필요성을 강조하였다.

1950년에서 1953년에 이르는 한국전쟁을 거치면서 경찰은 전시체제로 정비되어 군과 함께 전투와 유격대 토벌 등에 참여하였다. 이 시기 경찰은 후방치안확보라는 명분아래 부역자 처벌, 보도연맹원에 대한 학살 등을 통해 공포적 분위기를 조성하였으며, 도민증·시민증이라는 통제장치를 통해 국민들에 대한 일상적 감시를 행하였다. 또한 이 시기는 경찰은 초헌법적 방법으로 이승만의 독재를 강화하는데도 커다란 역할을 하였다.

특히 한국전쟁의 발발과 함께 지속된 전시 비상사태하에서는 계엄법에 의해 비상계엄지구에서는 구속영장이 없어도 인신구속을 할 수 있어 인권유린 상태가 비일비재하였다. 서울에서 구속영장제도가 다시 실시된 것은 1952년

9월경에 가서였다. 또한 국민반 조직, 유숙계 운영, 각 시·도 규칙에 근거해 경찰서에는 발급하는 도민증·시민증제도, 국민의 생활을 규율하는 전시생활개선법의 운영 등을 통해 국민의 정치적 반대를 통제하고 정치적으로 동원하는 기능을 수행하는데 있어 경찰은 막대한 역할을 담당하였다.

제1공화국 초기의 국가형성과정에서 경찰은 국민에 대한 사찰과 통제체제를 구축하고 이를 시행하는데 있어 절대적인 역할을 하였다. 국가형성과정에서 준군사적·군사적 기능을 수행하였던 경찰로서 사실상 경찰의 고유업무라 할 수 있는 대민업무는 거의 불가능하였으며, 오히려 국민에 대한 감시체제의 구축과 전면적인 통제가 경찰의 가장 중요한 임무가 되었다.

이상에서와 제1공화국 초기 국민통제의 확립과정에서 경찰이 중심적인 역할을 할 수 있었던 데에는 다음과 같은 배경이 있었다.

우선 정부수립이후 한국전쟁에 이르기까지 경찰은 지속적으로 질적·양적으로 강화되고 있음을 알 수 있다. 일반적 사회질서 유지라는 경찰의 임무 외에 정치·사회적 역할까지 떠맡은 경찰은 양적·질적 팽창을 거듭하였다. 미군정경찰이 정부 수립 후에도 조직과 인원이 그대로 계승되고, 1953년 휴전이 성립될 때까지 경찰조직은 계속 인원, 병력, 장비 면에서 강화되었다.

미군정기 경찰의 증강은 불안정한 해방공간에서 벌어지고 있는 좌우익의 대립 때문이었다. 좌익세력을 국가수립에서 배제하고 통치를 위한 폭넓은 정보를 입수하기 위해 미군정은 일제시에 체제화된 경찰력을 재활용하고 이를 더욱 증강시켰다.

미군정기간 중 경찰력 팽창의 정도는 우선 그 규모의 증가추세에 나타난다. 해방직전에 남북한을 합쳐 10,619명이던 경찰규모는 해방 이후 남한의 경우에만 1945년 11월에는 15,000명, 1946년 7월에는 25,000명 선으로 급증하였다. 또한 미군정 당국이 다른 분야보다 월등히 많은 63명의 미고문관을 경찰에 파견하였다는 사실은 미군정의 경찰력에 대한 높은 의존도를 반영해

주고 있다. 사실상 유능한 관료와 정치적 기반이 미흡하였던 미군정 당국은 경찰의 폭넓은 기능에 특히 의존하였고 이를 위해 경찰에 무기와 차량, 통신 장비 등 각종 장비를 제공하였으며, 많은 재량권을 부여하였던 것이다.

정부 수립 이후 경찰의 양적 성장이 두드러진 것도 이승만 주도의 단독정부 수립과 허약한 정부를 지탱하는데 경찰의 역할이 지대하였기 때문이었다. 정부 수립 후 1949년에 이미 5만 명에 육박했던 경찰은 단정반대 세력에 대한 탄압과 38선 경비라는 특수임무로 경찰수요가 격증하였다. 또한 한국전쟁의 독특한 양상, 즉 정규군의 증강이 미국에 의해 억지되면서 유격대 활동으로 인해 전선이 후방 깊숙이까지 뻗어있는 특징 때문에 전쟁기간 내내 증강을 거듭했다. 1951년 경찰 정원은 63,427명에 이르고 있다.

전쟁이 끝난 뒤에도 여전히 유격대 활동이 계속되는 등 치안수요가 적지 않았으나, 국군 증강의 논리에 밀려 나타난 전반적인 공무원 감축의 바람 속에 경찰관도 인원감축의 대상이 되어야 했다. 1953년 9월 10일 치안국은 각 시도경찰국 경무과장회의를 개최하여 국무총리의 지시대로 36%에 해당하는 경찰관 2만 3천 명을 감원함에 따른 감원요령을 결정하고, 9월 15일을 기하여 실시하기로 합의하였으며 경찰 역사상 최대규모의 감원작업이 이루어지게 되었다. 이때 감원된 경찰관은 13,256명이었으며, 계급별로는 경무관 2명, 총경 26명, 경감 188명, 경위 618명, 경사 1,411명, 그리고 순경이 11,011명이었다.

이처럼 경찰 정원은 1953년 1만 3천 명, 1955년과 1956년에 걸쳐 1만 4천 명 정도가 줄어 총 4만 명 이하가 되었다. 경찰예산도 전쟁당시 세출예산의 18%수준을 정점으로 계속 하락하여 1955년을 넘어서면서 10%미만으로 떨어졌다. 한국전쟁 휴전후의 경찰의 감원은 정치·사회적 역할 변화와 전투적 역할이 없어지면서 비롯된 것으로 보여진다.

둘째, 경찰의 조직강화라는 측면에서의 지속성과 더불어 일제 식민지경찰

-미군정경찰-정부 수립기 경찰-한국전쟁기 경찰의 인적 지속성을 발견할 수 있다. 물론 정부 수립 후에는 신규임용자의 비율이 높아지지만 이들도 대부분 극우적 청년단체 출신이거나 월남청년들로 채워졌기 때문에 경찰의 행태에는 변화를 주지 못했다. 당시 경찰 내부의 新舊職경찰 간에 前職경찰관들의 일제경찰 복무경력과 新職경찰관들의 비애국적인 측면을 둘러싼 갈등의 양상이 나타나기도 하지만, 경찰의 역할과 목표라는 측면에서는 동일함을 보여주고 있다.

일제시 재직한 한국인 경찰의 약 85%가량이 계속 경찰직에 잔류하였으며 또한 친일혐의로 월남 피신한 경찰출신도 대부분 남한에서 경찰로 재충원되었다. 정부가 수립된 이후에도 이들이 대부분의 경찰 핵심요직을 점하게 됨으로써 경찰의 친일적 요소는 결코 감소되지 않았으며, 오히려 이승만은 이들을 적극 비호하는 입장을 취하였다. 특히 이승만은 일련의 담화를 통해 치안을 위해 경찰의 기술이 절대적으로 필요함을 주장하면서 친일경찰을 반민법으로 처벌하지 말 것을 지시하기도 하였다. 국회의 반민족행위 특별조사위원회가 일반인으로부터 접수한 소청에서 피소청자의 대부분이 경찰이었다는 점과 군정시의 포악한 경찰이 그대로 존속되고 있다는 국회 내에서의 비난은 이와 같은 지속성의 일면을 반증해 주고 있다.

특히 이 지속성은 기득권 유지수단으로서의 경찰의 효용성을 높여주었다. 즉 이 시기의 경찰은 기득권 유지의 가장 신뢰성 있고 효율적인 수단으로 기능할 수 있었으며, 한국전쟁 중에도 경찰은 억압기구를 이용해서 국회파괴공작과 자유당 건설 등에 앞장을 선 것이다. 이러한 경찰의 활동은 한국전쟁을 계기로 해서 군대라는 새로운 국가의 억압기구가 강력해진 상황에서 정권의 지배자에 대한 충성을 보임으로써 경찰의 지위를 유지하려고 했던 데서 연유된 것이기도 하다.

셋째, 경찰은 정권창출과 유지, 정치적 반대세력 배제과정에서 중심 역할

을 수행하였다. 이승만 정부의 경찰이 수행했던 대표적인 정치적 기능은 각
종 선거에 개입하여 영향을 미치는 것이었다. 미군정기에 경찰은 이미 입법
의회의 민선의원 선거과정에 개입하여 한민당의 좌우 합작세력 거세공작에
이용되는 등 정치개입의 선례를 남겼으며 제헌의원 선거에도 깊숙이 개입하
여 후일 국회에서 그 폐해에 대한 비난이 제기되기도 하였다. 경찰은 한국전
쟁 중인 1952년 부산정치파동에서 이승만의 재집권에 결정적 역할을 담당하
였으며, 제2대 정부통령 선거 시에는 이범석을 낙선시키고 이승만이 지지하
는 함태영을 당선시키는 데 중요한 역할을 수행하였다.

경찰의 이러한 역할을 위해 이승만 정권은 경찰의 채용에 있어서 공개채
용보다는 특별채용을 하였으며, 시험에 의한 승진제도보다는 정실인사를 단
행했다. 하급직은 물론 경찰책임자인 치안국장에 대한 빈번한 교체 등은 정
권유지 수단으로서의 경찰의 위상을 드러내는 예라고 볼 수 있다.

이상에서와 같이 정부수립이후부터 한국전쟁에 이르기까지 국민에 대한
통제를 통해 반공이데올로기에 기반한 국가가 형성되는 시기로서 이 시기
경찰은 다른 국가기구들과 경쟁하거나 혹은 경찰의 일반적 권한을 넘어서는
역할까지 수행하면서 극우적 국가체제를 유지하기 위한 강력한 통제장치들
과 그 장치들을 국민에게 직접 적용시키는데 있어서 핵심역할을 담당하였다.

참고문헌

[신문 · 잡지]

경향신문, 동아일보, 매일신보, 새한민보, 서울신문, 조선일보

문봉제, 『서북청년회(1-40)』, 중앙일보 1972. 12. 21-1973. 2. 9.

김태선, 『남기고 싶은 이야기들-國立警察 創設(1-55)』, 중앙일보, 1974. 10. 14-12. 16.

경향신문 특별취재반, 『비화한 세대-군정경찰(1-77), 김태선』, 경향신문 1977. 2. 10-6. 10, 『비화한 세대-창군전야: 1945-1948(1-69)』 경향신문 1976. 11. 1. 『民主警察』, 警察圖書出版協會.

『경찰신조』, 경찰전문학교.

[연감 및 일지]

『國立警察統計年報』 1953, 內務部治安局 內務部治安局, 1953.

『大韓年鑑』 1952, 大韓年鑑社, 1952.

『大韓年鑑』 1953, 大韓年鑑社, 1953.

『民警年鑑』 1989, 民警新聞社, 1989.

『聯合年鑑』, 연합통신사, 1961.

『朝鮮年鑑(1947년 판)』, 조선통신사, 1946.

『朝鮮年鑑(1948년 판)』, 조선통신사, 1947.

　　[외교문서·공식기록·자료집]

『빨치산 자료집, 1-7』, 한림대학교 아시아문화연구소 한림대학교 아
　　　시아문화연구소 1996.

警察綜合學校 編, 『警察綜合學校50年史: 1945〜1994』, 警察綜合學
　　　校, 1994.

『경찰행정학 연구자료집: 1900년-1993년』, 국제정보사 편저, 국제
　　　정보사, 1993.

고원섭 편, 『반민자죄상기』, 백영문화사, 1949.

公報處, 『大統領李承晩博士談話集』, 公報處, 1953.

國立警察專門學校, 『韓國警察制度史』, 국립경찰전문학교, 1955.

國防部戰史編纂委員會 編, 『韓國戰爭史』, 1965.

국제연합 총회 제4차 회의, 1949년 6월 29일, 『국제연합 한국임시위
　　　원단의 보고서, 제2권: 부록, 제2분과의 최종보고서』, (A·
　　　AC. 26·34).

국회도서관 입법조사국, 『국제연합 한국통일부흥위원단 보고서(195
　　　1·1952·1953)』, 국회도서관 입법조사국, 1965.

國會事務處, 『대한민국국회속기록』.

국회사무처, 『제2대국회경과보고서』, 국회사무처, 1982.

국회사무처 위원국 자료 편찬과, 『국회사: 제헌국회, 제2대 국회, 제3
　　　대 국회』, 국회사무처, 1971.

金珖燮 編, 『李承晩大統領 全世界에 웨친다』, 大韓新聞社, 1952.

金珖燮 編, 『李大統領 訓話錄』, 中央文化協會, 1950.

金斗漢, 『피로 물들인 建國前夜: 金斗漢 回顧記』, 延友出版社, 1963.

金三奎, 『民族의 黎明』, 삼팔사, 1950.

金錫吉, 『韓國民族의 當面進路』, 건국실천원양성소 지도부, 1948.

金夕影, 『政界의 惑星 張澤相』, 鍾音社, 1952.

김영진 편, 『반민자대공판기 제1집』, 한풍출판사, 1949.

『내가 걸어온 길 내가 걸어갈 길: 나의 政治白書』, 新太陽社, 1957.

內務部, 『地方行政區域發達史』, 1979.

內務部 治安局 編, 『民族의 先鋒』, 興國硏文協會, 1952.

內務部治安局 編, 『全國 警察官署 管轄區域 臺帳』, 內務部治安局, 1953.

大韓民國民議院事務處 法制調査局, 『國會10年誌』, 1958.

『大韓民國史資料集, 24-27』, 國史編纂委員會 國史編纂委員會 1995.

大韓民族靑年團 編, 『民族과 靑年: 李範奭 論說集』, 백영회, 1948.

동아일보사 편, 『비화 제1공화국(전6권)』, 홍우출판사, 1975.

未詳 編, 『민족정기의 심판』, 혁신출판사, 1949.

민족정경문화연구소 편, 『친일파군상』, 삼성문화사, 1948.

『民主警察 讀本』, 民主警察硏究會 刊, 1949.

박성하, 『우남 노선』, 동아출판사, 1958.

――――, 『우남 리승만 박사전』, 명세당, 1956.

132

白南雲, 『朝鮮民族의 進路』, 신건사, 1946.

부산일보사, 『비화 임시수도 천일(상, 하)』, 부산일보사, 1983.

서울특별시 警察局, 『서울警察沿革史』, 서울특별시 警察局, 1974.

----------------, 『警察10年史』, 서울특별시 警察局, 1958.

----------------, 『韓國警察史 1』, 서울특별시 警察局, 1972.

----------------, 『韓國警察史 2』, 서울특별시 警察局 1973.

서병조, 『主權者의 證言: 韓國代議政治史』, 母音出版社, 1963.

선우종원, 『망명의 계절』, 신구문화사, 1965.

首都管區警察廳 編, 『解放以後 首都警察發達史』, 首都管區警察廳, 1947.

安浩相, 『民族의 소리』, 문화당, 1949.

梁又正, 『李大統領鬪爭史』, 聯合新聞社, 1949.

----, 『李大統領建國政治理念: 一民主義의 理論的展開』, 聯合新聞社, 1949.

----, 『李承晩大統領 獨立路線의 勝利』, 獨立精神普及會, 1949.

----, 『싸우는 民族의 理論』, 민족문화출판위원회, 1947.

吳時龍 編, 『警察官必携』, 京畿道警察局警務課, 1953.

吳制道, 『思想檢事의 手記』, 昌信文化社, 1957.

----, 『國家保安法實務提要』, 서울地方檢察廳, 1949.

吳制道 外, 『赤禍三朔九人集』, 國際報道聯盟, 1951.

우병규·김종림, 『한국입법과정의 제 문제』, 국회입법조사국, 1970.

劉　徹, 『三八以北의 實況과 우리民族의 覺悟』, 大韓日報社, 1948.

劉官鍾, 『韓國警察戰史』, 第一加除法令出版社, 1982.

陸軍本部, 『共匪討伐史』, 서울, 1954년.

陸軍本部 情報參謀部, 『共匪沿革』, 1971년.

윤우경, 『晩省錄』, 서울프레스, 1992.

尹長鎬, 『護國警察戰史』, 제일, 1995.

이범석 외, 『사실의 전부를 기술한다』, 희망출판사, 1966.

이승만, 『애국애족의 길』, 신문학회, 1958.

李殷相, 『民族의 脈博』, 민족문화사, 1952.

『藏書目錄』, 1987, 警察綜合學校 [發行地不明]: 警察綜合學校, 1987.

張炳惠 編, 『歷史를 왜곡한 자, 그를 고발한다』, 역사바로잡기회, 1992.

張炳惠, 『常綠의 自由魂: 滄浪 張澤相 一代記』, 滄浪 張澤相 記念事業會, 1992.

張炳惠, 張炳初 공편, 『大韓民國 建國과 나: 滄浪 張澤相 自敍傳』, 滄浪 張澤相 記念事業會, 1992.

第5管句警察廳公報室 編, 『建國과 警察』, 第5管句警察廳公報室, 1948.

全羅北道 警察局, 『警察10年史』, 全羅北道 警察局, 1956.

『(政界秘史)事實의 全部를 記述한다: 歷代 主役들이 實吐한 未公開 政治裏面 秘史』, 希望出版社, 1966.

趙炳玉, 『民族運命의 岐路』, 警務部警察公報室, 1948.

————, 『나의 回顧錄』, 民敎社, 1959.

————, 『民主主義와 나』, 永信文化社, 1959.

朝鮮總督府 編, 『朝鮮總督府及所屬官署 職員錄』, 경성: 조선총독부, 소화13년, 15, 16년(1938, 1940, 1941).

韓徹永 著, 『李承晩大統領: 自由世界의 巨星』, 文化春秋社, 1953.

韓徹永 編, 『政治大演說選集, 上卷』, 雄辯다이제스트社, 1954.

咸尙勳, 『朝鮮獨立과 國際關係: 一名共産黨과의 鬪爭에 對하여』, 生活社, 1948.

『解放20年』 기록편, 세문사, 1965.

革新出版社 編, 『民族正氣의 審判』, 혁신출판사, 1949.

玄圭柄, 『韓國警察制度史』, 民主警察研究會, 1955.

『現代韓國政治家九十一人集』, 新潮社, 1957.

[논문, 단행본 및 기타]

김정원, 『분단한국사』, 동녘, 1985.

김철범·제임스 메트레이 엮음, 『한국과 냉전: 분단과 파괴와 군축』, 평민사, 1991.

김호진, 『한국정치체체론』, 박영사, 1991.

그레고리 핸더슨 저, 백행웅 이종삼 공역, 『소용돌이의 한국정치』, 한울, 2000.

대한경제일보사, 『韓國警察의 발자취』, 大韓經濟日報社, 1989

Robert T. Oliver 著; 朴日泳 譯, 『(大韓民國)建國의 秘話: 李承晩과 韓美關係』 啓明社, 1990.

로버트 티, 올리버 저, 박일영 역, 『大韓民國 建國의 內幕, 上, 下』, 啓明社, 1998.

박용만, 『경무대비화』, 내외신서, 1986.

박범래, 『한국경찰사』, 경찰대학, 1988.

박원순, 『국가보안법연구』, 역비사, 1992.

朴贊雄, 『警察蠻行錄』, 아우내, 1995.

----, 『警察의 反省』, 신세계, 1992.

朴昌圭, 『獨立前夜의 反共囚들』, 民國出版社, 1970.

方善柱 외저, 『한국 현대사와 美軍政』, 翰林大學校 出版部, 1991.

브루스 커밍스저 김주환 역, 『한국전쟁의 기원: 해방과 단정의 수립 1945-1947, 上, 下』, 靑史, 1986.

브루스 커밍스 저, 김동노 외 역, 『브루스 커밍스의 한국현대사』, 창작과비평사, 2001.

徐基榮, 『韓國警察行政史: 警察行政構造의 變遷과 特質』, 法文社, 1976.

서울신문사 편, 『주한미군 30년』, 서울: 행림출판사, 1979.

서재근, 『경찰행정학』, 三中堂, 1963.

서중석, 『한국현대민족운동연구: 해방 후 민족국가 건설운동과 통일 전선』, 역사비평사, 1991.

----, 『한국현대민족운동연구 2』, 역사비평사, 1996.

----, 『조봉암과 1950년대, 상, 하』, 역사비평사, 1999.

손호철, 『해방 50년의 한국정치』, 새길 1995.

----, 『한국전쟁과 남북한사회의 구조적 변화』, 경남대학교출판부, 1991.

申相俊, 『美軍政期의 南韓行政體制』, 韓國福祉行政研究所 1997. 이동원, 조성남 공저, 『미군정기의 사회 이동: 배경, 특성, 그리고 그 영향』, 이화여자대학교 출판부 1997.

이원순, 『인간 이승만』, 신태양사, 1988.

李哲承, 朴甲東 共著, 『大韓民國, 이렇게 세웠다』, 계명사, 1998.

이현희, 『한국경찰사』, 덕현각, 1979.

정해구, 『10월인민항쟁연구』, 열음사 1988.

조갑제, 『고문과 조작의 기술자들』, 한길사, 1987.

짐 하우스만·정일화, 『한국대통령을 움직인 미군대위: 하우스만 증언』, 한국문원, 1995.

차길진, 『빨치산 토벌대장 치일혁의 수기』, 기린원, 1990.

차남희, 『저항과 순응의 역사 정치학: 미군정의 농업정책과 농민』, 이화여자대학교 출판부, 1997.

한국정신문화연구원 한민족문화연구소 편, 『내가 겪은 해방과 분단』, 선인 2001.

한배호, 『한국정치변동론』, 법문사, 1994.

한배호 편, 『한국 현대정치론: 제1공화국의 국가형성, 정치과정, 정책』, 나남, 1990.

한승인, 『독재자 이승만』, 일월서각, 1984.

한용원, 『창군』 박영사, 1984.

강인철, "한국전쟁과 사회의식 및 문화의 변화", 『한국전쟁과 사회구조의 변화』, 한국정신문화연구원 편, 1999, 백산서당.

강혜경, 「해방 직후 청년의 초기 국가건설활동」, 『한국 근현대 청년운동사』, 풀빛, 1995.

----, 「국가형성기(1948-1950) 이승만 정권의 행정기구 구성과 관료충원연구」, 『국사관논총』 79, 국사편찬위원회, 1998. 3.

김대상, 친일세력 재등장의 정치구조, 이수인 편 『한국현대정치사 1: 미군점령시대의 정치사』, 실천문학사, 1989.

김동춘, 「1950년대 한국농촌에서의 가족과 국가」, 역사문제연구소 편, 『1950년대 남북한의 선택과 굴절』(서울: 역사비평사, 1998)

김민철, 「일본의 조선침략과 경찰 6; 제 민족 탄압에 앞장선 친일경찰」, 1993, 殉國 35(1993. 12).

김삼웅, 「일제의 악질경찰·헌병들」, 殉國 52(1095. 5).

김석준, 「한국전쟁과 국가재형성」, 현대사회 36호 1990 봄·여름.

金宇鍾, 『반민자가 잡아먹는 반민특위: 전 반민특위 강원지부장의 증언』, 월간조선 1986년 3월

김재명, 『이승만의 정적 최능진의 비극』 정경문화 1983년 10월.

김용정, 「경찰 40년의 수뇌들」, 신동아 1984년 6월.

김일영, 「부산정치파동의 정치사적 의미」, 『한국과 국제정치』 제9권 제1호, 1993년 봄·여름.

도널드 S. 맥도널드, 「미국인이 본 한국: 과거와 현재」, 『현대사회』, 1986년 여름.

동홍욱, 「공안행정」, 『한국행정의 역사적 분석』, 한국행정문제연구소, 1969.

라종일, 「1952년의 정치파동」, 『한국정치학회보』, 제22집 제2호, 1988.

류상영, 초창기 한국경찰의 성장 과정과 그 성격에 관한 연구, (1945-50), 연대 정치학 석사논문, 1987.

박동서, 「경찰행정사(1945-1964)」, 행정논총 제4권 제2호, 서울대 행정대학원, 1966.

백운선, 한국현대국가의 형성과 통치양태의 정영화, 구영록 교수화갑 기념논총 편집위원회 편, 『국가와 전쟁을 넘어서: 국제환경의 변화와 한국정치』, 법문사, 1994, 523쪽.

森善宜, 한국 반공주의 이데올로기 형성과정에 관한 연구: 그 국제정치사적 기원과 제 특징, 한국과 국제정치 1989년 가을.

서중석, 이승만과 북진통일: 1950년대 극우 반공독재의 해부, 역사비평 1995 여름.

서기영, 「수도경찰행정구조에 관한 연구」 연구논총 제4집, 건국대학교 행정대학원 논문집, 1977.

----, 한국경찰의 역사적 조명(上·中·下), 1988 廣場 182(88. 10·11·12)

서주석, 「한국의 국가체제 형성 과정: 제1공화국 국가기구와 한국전쟁의 영향」, 서울大 大學院 박사학위논문, 1996.

----, 1989, 한국전쟁과 이승만 정권의 권력강화, 역사비평 89년

여름, 서울; 한길사

소문섭, 경찰공무원의 모집제도, 서울대 행정대학원 석사, 1965,
    56-58

손호철, 한국전쟁과 이데올로기 지형: 국가, 지배연합, 이데올로기,
    손호철 외, 『한국전쟁과 남북한사회의 구조적 변화』, 경남대
    극동문제연구소, 1991.

----, 1950년대의 이데올로기: 극우, 반공 일색이었나?

손호철, 『해방50년의 한국정치』, 새길, 1995.

신병식, 「부산정치파동가 이승만체제의 확립」, 구영록 교수 화갑기념
    논총편집위원회, 『국가와 전쟁을 넘어서』, 법문사, 1994.

안 진, 『미군정기 억압기구 연구』, 새길, 1996.

오유석, 한국사회 균열과 정치사회구조 형성연구, 이화여대 사회학과
    박사학위논문, 1997.

유영익, 1950년대를 보는 하나의 시각: 남한의 변화를 중심으로, 『
    계간사상』 1990년 봄.

이경남, 「다큐멘터리 족청계의 영광과 몰락」, 『신동아』, 1982년 7월
    호.

이수인, 자유당정권의 역사적 성격, 사월혁명연구소 편, 『한국사회
    변혁운동과 4월혁명 1』, 한길사, 1990.

이 인, 「반민특위 3백 50일」, 세대 1970년 10월.

임대식, 친일친미 경찰의 형성과 분단활동, 『분단 50년과 통일시대
    의 과제』 역비사, 1995.

임희섭, 해방 이후 대미인식, 유역익 외 『한국인의 대미인식』 민음

사, 1994

장세윤, 일제하 고문시험 출신자의 해방 후 권력엘리트, 역사비평, 역비사, 1993년 봄호.

정경문화, 「무쵸대사가 털어 놓은 건국비화」, 『정경문화』, 1986년 4월.

정영태, 일제 말 미군정기 반공이데올로기의 형성, 역사비평 1992년 봄호.

정진환, 「경찰제도상 양대 체계의 비교연구 1·2」, 경찰학논총 제 2·3호, 1978·79.

정진환, 한국경찰론 서설(Ⅱ): 한국경찰제도 발달에 관한 행정사적 고찰, 1996 한국공안행정학회 한국공안행정학회보 5(1996. 11).

정해구, 「남북한 분단정권 수립 과정 연구」, 고려대 정외과 박사학위논문, 1995.

제임스 메트레이, 「미국은 왜 한국에서 극우세력을 지지했는가」, 『계간 사상』 1990년 봄호.

제정갑, 「한국의 경찰 人脈」, 1992, 『월간중앙』 199(1992. 8).

조의영, 「경찰인사행정에 대한 비견」, 『민주경찰』 92호, 1956년 4월

진덕규, 1979, 한국의 보수주의와 진보주의, 『신동아』 11월호.

차재영, 주한미 점령군의 선전활동 연구, 『언론과 사회』 1994.

최강문, 학살배후에 경찰이 있었다, 『말』 1999. 7.

최진구, 「한국경찰기구발전에 관한 연구」, 중앙대 대학원 행정학과 박사학위논문, 1981.

한인섭, 한국전쟁과 형사법: 부역자 처벌 및 민간인 학살과 관련된

법적 문제를 중심으로, 2000 서울大法學 115(2000. 9).

한배호, 제1공화국의 국가와 사회: 국가구조와 정치과정, 『한국과 국제정치』 1988년 봄.

· 저 자 ·

강혜경(姜惠卿) · 약력 ·

숙명여자대학교 대학원 문학박사
동양공업전문대학 전임강사
동아대학교 전임연구원
숙명여자대학교 한국사학과 조교수

· 저서 ·

「1930년대 후반 경남 삼천포 지역의 인민전선전술의 수용」
「1930년대 후반 '왜관그룹'의 인민전선전술 수용」
「해방직후 조선공산당과 우익세력의 '정치협상'」
「국가형성기(1948-1950) 이승만 정권의 행정기구 구성과 관료충원연구」
「미군정기 경찰의 창설과 중앙집권화」
「정부 수립기 경찰의 형성과 성격(1948-50)」
외 다수

제1공화국 초기 국민통제의 확립

· 초판 인쇄 | 2005년 8월 25일
· 초판 발행 | 2005년 8월 30일

· 지 은 이 | 강혜경
· 펴 낸 이 | 채종준
· 펴 낸 곳 | 한국학술정보㈜
경기도 파주시 교하읍 문발리 526-2
파주출판문화정보산업단지
전화 031) 908-3181(대표) · 팩스 031) 908-3189
홈페이지 http: · · www.kstudy.com
e-mail(e-Book사업부) ebook@kstudy.com
· 등   록 | 제일산-115호(2000. 6. 19)
· 가   격 | 10,000원

ISBN   89-534-2457-7 93910 (paper book)
        89-534-2458-5 98910 (e-book)